D1718683

Regine Trat

„Das etwas andere Buch über die Welt des menschlichen Körpers"

Lebenswert

Wenn dir keiner hilft, dann brauchst du eine Fee

RT Verlag

RT Verlag

www.regine-trat.com

© Verlag Regine Trat, München August 2018
Alle Rechte vorbehalten
Umschlaggestaltung: Regine Trat + Rainer Häckl
Illustrationen: Regine Trat
Druck: FLYERALARM GmbH
Grafik: Rainer Häckl
Fotos: Rainer Häckl
ISBN 978-3-9815225-1-8

Liebe Leser,

Bevor Sie loslegen, hier ein paar Erklärungen zu diesem speziellen Buch.

Es ist ein Tagebuch. Die Tage verlaufen zwar in chronologischer Abfolge, aber nicht durchgängig, etwa von Montag bis Sonntag. Vielmehr sind es ausgesuchte Tage, die mich aufgrund von einem Schlüsselmoment in meinem Leben mit wichtigen Erkenntnissen überraschten. Es sind kurze oder lange, witzige oder traurige, schmerzhafte oder erlösende Erlebnisse, die mein Leben in eine völlig neue Bahn gelenkt haben. Mein Name ist kein Geheimnis. Andere werden nicht genannt oder sind reine Erfindungen.

Es sieht aus wie ein Comic. Ist es aber nicht ... nur. Ein wenig aber schon ... Alle Zeichnungen und Skizzen, die Sie hier finden, wurden von mir erstellt, weil ich sie meistens zur eigenen Veranschaulichung und zum eigenen Verständnis gebraucht habe. Sie dienen nun auch all jenen Menschen, die wie ich eine ausgeprägte visuelle Ader in sich tragen und sich daher sehr über „visuelle Anker" freuen.

Es ermöglicht sprunghaftes Lesen. Die jeweiligen Schlüsseltage bauen zwar aufeinander auf, und es macht daher durchaus Sinn, das Buch „der Reihenfolge nach" zu lesen, aber Sie „müssen" das nicht so machen. Jene Kapitel, die man auch losgelöst von den anderen lesen kann (und trotzdem verstehen wird), habe ich im Inhaltsverzeichnis mit folgendem Zeichen gekennzeichnet:

Es ist eine Herzensangelegenheit. Das ganze Buch ist eine absolute Herzensangelegenheit. Darüber hinaus habe ich aber jene Schlüsseltage, die mir aufgrund ihrer Aussage besonders ans Herz gewachsen sind, ebenso gekennzeichnet:

Es wurde von mir nicht geschrieben, weil ich ein Buch schreiben wollte. Das Buch ist nur Mittel zum Zweck, und das brauchte ich dringend! Ich brauchte es, weil ich zunehmend bemerkte, dass ich etwas zu sagen habe. Und allmählich drohte es aus all meinen Poren auszubrechen ... Dieses Buch zu schreiben war somit nicht nur das ideale Transportmittel, um meine neuen Erkenntnisse in die Welt zu tragen, sondern auch mein Ventil, das mich davor bewahrt hat, am Druck meines Wissens zu implodieren.

Es ist meine ganz persönliche Revolution. Denn ich rebelliere und wehre mich. Ich stehe auf und sage: „NEIN!" oder „JA!". Nein zum Zerfall der guten Körperhaltung, auf den wir in unserer Gesellschaft (jung wie alt) grade zusteuern, und Ja zur Wiederbelebung von einem Leben in der Aufrechten. Es ist ein nicht bewaffneter Aufstand des Volkes, das in mir wohnt. Und dieses Volk geht raus auf die Straße, mit Schildern* in der Hand und gibt seinem Wunsch Ausdruck in Wort, Bild und Sprache!

*Schilder wie diese begleiten das ganze Buch

WAS IN MIR BRODELT DAS WILL RAUS! MIT 'NEM SCHILD IN DER HAND GEH' ICH AUS DEM HAUS

Auf folgende Inhalte dürfen Sie sich freuen:

Das Vorwort zur Einstimmung Seite 9

Entschlüsselte Schlüsseltage

Schlüsseltag 1
Gut gehalten Seite 16

Schlüsseltag 2
Der besoffene Pinguin Seite 19

Schlüsseltag 3
OK, verstanden Seite 20

Schlüsseltag 4
Ich habe ihn ertappt! Seite 21

Schlüsseltag 5
Wenn dir keiner hilft, dann brauchst du eine Fee Seite 30

Schlüsseltag 6
Das Ende der spasmatischen Zuckungen Seite 33

Schlüsseltag 7
Ein wahres Gedicht Seite 34

Schlüsseltag 8
Vier magische Punkte Seite 37

Schlüsseltag 9
Meiner ist 40,5 cm lang! Seite 47

Schlüsseltag 10
Stängel-Längen-Soll Beobachtungstag Seite 49

Schlüsseltag 11
Die Folgen unserer ventral gespannten Gesellschaft Seite 55

Schlüsseltag 12
Gleichberechtigung & Wiederbelebung Seite 62

Schlüsseltag 13
Neulich am Flughafen   Seite 63

Schlüsseltag 14
Madrid, Rom, Hongkong ... der Kopf sitzt!
3 in 1 ist kein Haarspray, sondern ein Lebensgefühl   Seite 65

Schlüsseltag 15
Mit der Fee auf dem Rad und im Büro   Seite 71

Schlüsseltag 16
Die Schulterblatt-Kratz-Challenge   Seite 76

Schlüsseltag 17
Die persönliche Evolution   Seite 87

Schlüsseltag 18
Die Quelle der Kraft und Energie   Seite 92

Schlüsseltag 19
Fluch und Segen – Reflektionen   Seite 96

Schlüsseltag 20
Die Beckenkür der Glückseligkeit   Seite 106

Schlüsseltag 21
Ja oder nein?   Seite 117

Schlüsseltag 22
Einfach tun!   Seite 119

Schlüsseltag 23
Sie haben Ihr Ziel erreicht. Ihr Ziel liegt links von Ihnen.
Nein! Halt! Doch nicht! Es liegt rechts, rechts unten ...
glaube ich zumindest. Oder ... doch links?! Ach egal!
Ich glaube, Sie haben Ihr Ziel erreicht.
Es liegt irgendwo ...   Seite 133

Schlüsseltag 24
ENDlich   Seite 141

A mi manera...
¡Pero siempre gracias a vosotros!   Seite 144

Widmung

Dieses Buch widme ich einem außergewöhnlichen Menschen, wunderbaren Freund, Seelenverwandten und Schachgefährten. Einem Mann der alten Schule, der mir bewiesen hat, dass man es bis ins hohe Alter schafft, die Haltung zu wahren. Vermutlich war es unsere beidseitig ähnlich stark ausgeprägte Faszination für den „aufrechten Gang, gepaart mit gelebter Aufrichtigkeit", die uns emotional so verbunden hat. Danke für die wertvollen Stunden und lebenswerten Momente, die du mir geschenkt hast!

Vorwort

Wenn du dich zu sehr mit den Details beschäftigst, verlierst du den Blick für das große Ganze. Vor allem aber verlierst du den Blick für das Wesentliche ... das Simple! Das so wunderbare, magische und in seiner Macht so extrem unterschätzte Simple!

Abhandlungen der Anatomie, Physiologie, Medizin etc. sind (für die meisten Normalsterblichen) eine schier nicht stemmbare Masse an komplexen Details. Auf unfassbar vielen Tiefen, Ebenen und Irrgärten verworrener Muskeln, Sehnen, Faszien, Knochen, Nerven und Blutgefäßen sind sie in der Regel für uns „Normalos" nur sehr schwer zu begreifen.

Das reine **Ergebnis** jedoch, das aus den verschiedensten „orthopädischen oder anatomischen Missständen" resultiert, ist hingegen sehr leicht zu begreifen. Fällt ja auch nicht wirklich schwer ... drängt sich schließlich auf... so ein „Ergebnis"... und sucht uns heim ... in Gestalt von einem elendigen „Gelenk-, Knochen- oder was-auch-immer-ist-mir-letztlich-aber-auch-egal-weil-nervt-einfach-**Schmerz**".

Nehmen wir zum Beispiel die Menschen, die sich mit einer sogenannten „schlechten Haltung" durch den (meist sitzenden) Alltag schlagen (sprich den Großteil unserer Bevölkerung ...). Meist lassen fies stechende oder auch brennende Nackenschmerzen (die einen schon mal in den Wahnsinn treiben können, die Nachtruhe stören oder diese gar nicht erst entstehen lassen) nicht lange auf sich warten. Nun gut, besagten schmerz-leidenden Menschen interessiert der rein anatomisch medizinische Tiefgang herzlich wenig. Warum? Weil wir als schmerz-leidende Nichtmediziner nicht zwingend die Verkettung tiefliegender Fehlbelastungen oder knöcherner Unordnung verstehen, sondern vielmehr pragmatisch und auf den Punkt gebrachte **Ideen** wollen, die uns WIRKLICH orientieren und uns doch bitte, bitte, bitte (!) ein Leben ohne Schmerzen ermöglichen sollen.

Jedoch ... wie sieht es aus? Da draußen ... in unserer „ich-bin-ein-hilfesuchender-Patient-Welt"? Orientieren uns die medizinischen Befundberichte? Nein! Warum? Weil wir sie nicht verstehen! (Hier ein kleines Beispiel ...)

Neurologischer Befund: Laseque negativ, die MER sind distal abgeschwächt, im übrigen mittellebhaft auflösbar. Hypästhesie sockenförmig mit auch reduzierter Tiefensensibilität, Gang und Koordination intakt, kein Halbseitensymptomatik, keine Ataxie, keine Hirnnervenausfälle.

Tibialis-SEP: Bds. technisch erschwert niederamplitudig (bei peripherer Verkürzung) P40 re. Bei 4,3 ms, lie. Sispert bei 42 bis 45 ms.

...bei anamnestisch geschildertem Erysipel wäre eine Mitinduktion denkbar?!

Ahh ja ... Alles klar! (Kennen würde ich jetzt spontan zwar einen Esstisch, ein anamnestisch hingegen kam mir noch nie unter. Erysipel hört sich an wie der Name von einem französischen Austauschschüler und hey!! Das Wort Induktion ist mir auch schon mal begegnet!!! In der Küche von meiner Schwägerin steht sowas als Herd! ... allerdings bezweifle ich, dass die hier zitierte denkbare Mitinduktion ein entfernter Verwandter vom Herd meiner Schwägerin ist?!)

Spaß beiseite ... (oder ist das gar kein Spaß, sondern Galgenhumor?!). Denn genau genommen ist das doch ganz schön doof, wenn wir die Befundberichte, die so viel Spannendes über uns zu schreiben scheinen, nicht verstehen ... oder?!

Nun gut. Wenn wir sie nicht verstehen sollen ... wer dann?! Ach so! der Arztkollege ... Ah, verstehe! Aber was, wenn sich besagter Kollege nachher nicht motiviert genug fühlt, um uns den (möglichst kompletten!) Inhalt des Berichtes zu übersetzen und es vorzieht, ebendiesen schnell zu überfliegen, um uns dann in einer fluffigen, kompakten Zusammenfassung klar zu machen, dass es gar nicht gut um uns steht?! Tja, dann haben wir wohl Pech gehabt. Wikipedia und google werden es schon richten ... Die Klarheit des Befundes verschwindet im Nebel der Fachbegriffe. Der Schmerz nicht. Der Schmerz, der bleibt uns treu ... Juhu!

UNSER KÖRPER WEISS ES BESSER!

ER WILL NICHT UNTERS MESSER!

Ok, verstehen tun wir sie schon mal nicht ... die Berichte (übrigens ... wenn man beim Wort Berichte das „r" weglässt, heißt es „Beichte" ... witzig, gell? ... hilft uns nur leider auch nicht sonderlich weiter). Zurück zum Thema ... Also, wie ist es denn nun ... finden wir in den medizinischen Beichten, äh Berichten (schriftlicher oder verbaler Natur), wenigstens die obenerwähnten pragmatischen und auf den Punkt gebrachten Ideen und Vorschläge darüber, was wir in Zukunft wie und wann tun oder lassen sollten, um erfolgreich am Projekt unserer persönlichen schmerzfreien Lebensqualität zu arbeiten? Nein! Auch das nicht!? Warum? Ich weiß es nicht und kann es mir auch nicht erklären! (... bin ja auch kein Mitglied der Ärztekammer). Wobei ... halt! Doch! Vorschläge der Sorte Spritzen, Massagen, Fango*, Stoßwellen, Manuelle Anwendungen oder nicht zuletzt die Allzweckwaffe namens Operation, sind durchaus zu finden. Und das sind zweifelsohne sinnvolle (wenn auch vorrangig Symptom bekämpfende) Maßnahmen, aber ok ... immerhin sind es Maßnahmen. Allerdings ist ein **ergänzender Vorschlag** (etwa in Form körperlicher Aktivität zur Ursachenbekämpfung) dagegen eher selten zu entdecken. Ausnahmen bestätigen die Regel. Insbesondere die Rubrik der Krankengymnastik, die ja in der Tat überwiegend die Ursachen der Beschwerden beleuchtet und zum Glück recht häufig verschrieben wird. Jedoch auch hier gibt es meiner Meinung nach einen entscheidenden limitierenden Faktor: die Langfristigkeit.

VORSCHLAG STATT NACHSCHLAG

TANGO STATT FANGO

*Wie wäre es mal mit Tango statt Fango ... da werden die Gelenke ordentlich beansprucht, die Muskeln und Faszien vorm drohenden Verfilzungstod gerettet, und die Psyche hat den Spaß ihres Lebens!? Nur so ein Gedanke ...

Zurück zum medizinischen Befundbericht mit Hieroglyphen-Befall.
Wieso steht da nicht einfach sowas wie:

*„Der Kopf von Herrn Dauerleid
ist abgehauen. Er befindet
sich nicht mehr „auf", sondern
nunmehr „vor" dem Körper.
Meine Beobachtungen haben
ergeben, dass sein Brustkorb
abgesackt ist und den Kopf (der
ja genauso wie der Brustkorb
... an der Wirbelsäule hängt)
nach vorne gezogen hat. Da
Herr Dauerleid gerne in die
Gesichter anderer Menschen
statt auf den Boden schaut ...
muss diesen Kopf nun „jemand"
festhalten. Dieser Jemand ist
der Nacken. Eben der, der Herrn
Dauerleid seit geraumer Zeit zum
Schmerzpatienten macht ..."*

vorher   nachher

Ich glaube, Sie verstehen, was ich meine. Einfach mal Tacheles reden,
und zwar mit einer möglichst verständlichen Ausdrucksweise. Für uns
gerne dann auch OHNE Fachbegriffe! (Die Kollegen können ja dann noch
eine Extra-Ausgabe erhalten mit Erysipel, der sich anamnestisch an seiner Mitinduktion erfreut ...)

„Weniger ist mehr" ... in meinen Augen ist das die „beste Erkenntnis
ever", und zugleich Leitlinie von diesem Tagebuch. Als Fan der Simplizi-
tät knacke ich, so gut und so oft ich kann, die Codierung der verschlüs-
selten Komplexität.

Und ja! Es lässt sich nicht leugnen ... Hier und da
steckt zudem auch eine kleine Ladung „Wut-Energie"
in meinen Zeilen ... Aber eines steht fest: es ist kein
„destruktives Gegen-Buch", sondern ein durch und
durch klar deklariertes „konstruktives Für-Buch". Es
ist nämlich ein Buch FÜR „leidende Nicht-Mediziner",
verfasst von einer „ehemals-leidenden-Nicht-Medizi-
nerin", die ihre ganz persönlichen, praktischen, alltags-
tauglichen und auf den ersten Blick etwas „banalen" Lösungen
gefunden hat, um sich aus der Dauerschleife der Rücken- und
Gelenkschmerzen zu befreien und diese nun gerne mit der Welt
teilen würde. Mehr nicht.

RED NICHT SO
GESCHWOLLEN!

VERSTEHEN WIR
DICH WOLLEN!

Wissenschaftliche Arbeit ist es also keine, das, denk ich, hat nun jeder verstanden … (trotzdem ist es ein Buch, das ganz schon viel Wissen beinhaltet).

In keinem Moment ersetzt es aber die so wichtige Arbeit der Ärzte (ohne die auch ich niemals leben wollen würde!!!). Niemals würde ich mir anmaßen, auch nur einen Hauch einer Kritik gegen Ärzte oder gar Orthopäden zu äußern. Schließlich bin ich eine entfernte (Art-) Verwandte. Ich bin nämlich Sportlehrerin. Ein witziger Zufall, der mir zwar auf meiner Suche nach Lösungen gegen meine damaligen Dauerschmerzen sehr zu Gute kam, aber letzten Endes nicht der entscheidende Auslöser war für dieses Projekt …

In allererster Linie bin ich ein Mensch, der einfach keinen Bock mehr hatte, sich wie ein Depp vorzukommen, wenn ihn die schlaflosen Nächte mal wieder dazu trieben, den verzweifelten Wahnsinn zu begehen, sich in das Behandlungszimmer einer weiß gekleideten Fachkraft zu setzen. Zurückversetzt in meine Schulzeit saß ich dann auf dieser Pritsche, schaute in die etwas gelangweilten Augen meines Gegenübers und rechtfertigte meine Entscheidung, heute da zu sein. Wie frech!!! Eine Person wie ich, die so jung und dynamisch aussieht?! Sitzt da und stottert sich eins ab und klagt kläglich über Höllenschmerzen? Der gelangweilte Ausdruck meines Gegenübers machte dann stets Platz für die hochgezogenen Augenbrauen der Ungläubigkeit. Peinlich berührt lauschte ich dem verzweifelten Versuch, meine Schmerzgeschichte (die mich in der grad überstandenen Nacht so unglaublich gequält hatte) in Worte zu fassen (… möglichst ohne dabei in Tränen auszubrechen), gerichtet an einen Zuhörer, der im Grunde gar keiner war.

Ein Gefühl der Ohnmacht, das ich nicht mag, ein Gefühl der Ohnmacht, das mir nicht gut tut. Und wie heißt es immer so schön? „Trenne dich von Dingen, die dir nicht gut tun". Also trennte ich mich von diesem schon viel zu oft durchlebten „Schulzeit-Pritschen-Ohnmachts-Gefühl" und entschied, die Sache mal selbst zu analysieren. Weil … hey! … mit Mitte 40 war ich ein wahres Schmerz-Konglomerat! Kaum ein Gelenk, das mich nicht quälte, kaum ein Körperteil, der mich nicht irgendwie schikanierte. Das ist für all jene, die mich heutzutage sehen und erleben, kaum vorstellbar! Zum Glück habe ich ja genug Menschen, die im Zweifel bezeugen könnten, wie verzweifelt ich damals war … Allein die Summe aller Orthopäden, Rheumatologen, Internisten und Neurologen, die ich auf der Suche nach der Quelle meiner Schmerzen aufgesucht habe, würden jeden Zeugenstand zum Einstürzen bringen! Mit den MRT- und Röntgenbildern könnte ich mein Wohnzimmer tapezieren.

Kurzerhand brach ich alle Zelte ab. Kündigte meinen damaligen Job, drückte auf „Reset", sortierte meine Werte, drückte auf „Neustart", eröffnete ein kleines Rücken- und Gelenkzentrum im Norden von München und widmete mich fortan nicht nur der Schmerz-, sondern insbesondere der Lösungsfrage.

Über zwei Jahre ist das nun her. Und ja, es stimmt! Heutzutage bin ich keine reinrassige „Nicht-Medizinerin" mehr ... Unzählige Zeilen über unseren Körper durchquerten den Schlitz meiner wissbegierigen Augen, so dass ich heutzutage fachlich echt gut drauf bin! ... Aber dank meiner „medizinisch unbefleckten Herkunft" besitze ich noch immer die Gabe der Einfachheit. Geschickt verpackt in Symbolen, Bildern oder Geschichten, sind die Dinge für jeden schnell zu begreifen.

Der erste Schritt, um Menschen mit Schmerzen ernst zu nehmen, ist meines Erachtens, die fachliche Sprache zugänglich für sie zu machen! Ich gehe sogar einen Schritt weiter und behaupte, dass alles andere einfach respektlos wäre! Schließlich komme ich ja auch nicht auf die Idee zu flüstern und heftig zu nuscheln, wenn ich weiß, dass mein Zuhörer schwerhörig ist, oder?!!

In diesem Sinne hoffe ich, dass Ihnen die „Zeichensprache" in diesem Buch die nötige Inspiration, Halt & Orientierung verschafft, die Sie benötigen, um sich in Zukunft (auch) selbst zu helfen. Feedback ist extrem erwünscht! Auf meiner Webpage gibt es eine extra Rubrik zum regen Austausch ☺

Lassen Sie uns gemeinsam die Welt der Schmerzen aktiv und mit positiver Energie bekämpfen. Wenn das Leben sogar mit Schmerzen schön und lebenswert sein kann, wieviel schöner und lebenswerter wird es, wenn wir es schaffen würden, sie zu bändigen?

MIT POSITIVER ENERGIE ZWING ICH MEINE SCHMERZEN IN DIE KNIE

Meine Entscheidung steht fest. Ich werde mein Leben so richtig lebenswert machen. Und wenn auch Sie das wollen, dann begleiten Sie mich auf meiner Reise und ... „wir schauen, was geht"...

Wow! Das wird ein Fest!

Ihre Regine Trat

www.regine-trat.com

Anmerkung der Autorin

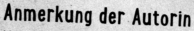

Wenn in diesem Buch von „Schmerzen" die Rede ist, dann sind ausschließlich die rein „mechanisch bedingten" Schmerzen gemeint. Sprich all jene, die aufgrund von einer statischen Verschiebung der Kräfte entstehen, die einseitig belastend bzw. abnormal auf den Körper einwirken. Hierzu gehören zum Beispiel muskuläre Verkürzungen, Verfilzung vom Bindegewebe, Sehnen, Bänder & Co., die ihre Geschmeidigkeit verloren haben und somit Gelenke vereinzelt „verschließen" oder Knochen in Regionen ziehen, in die sie schlichtweg nicht hingehören etc. etc. etc.

(!) NICHT gemeint sind sämtliche Schmerzen, die aufgrund einer organischen, rheumatoiden oder nervlich bedingten Krankheit entstehen!!!

ja ICH will !! DU AuCH ?!!

Schlüsseltag 1
Gut gehalten

Menschen, die behaupten jünger zu sein als sie eigentlich sind, habe ich noch nie verstanden. Das ist doch rein strategisch eine völlig falsche Entscheidung! Ich finde es selten dämlich, wenn man zum Beispiel 49 ist, den Leuten weismachen zu wollen, man wäre erst 35!? Da MUSS doch jeder sofort denken: „Boah, dafür, dass die 35 ist, sieht die aber ganz schön alt aus!". Andersrum wäre es doch wesentlich sinnvoller?! Denn wenn ich sage, dass ich zum Beispiel 60 bin und mein wahres Alter von 49 einfach verheimliche, dann wäre doch der erste Gedanke, der ihnen durch den Kopf schießt, „60?!! Hammer! Sieht die jung aus!!! Die hat sich aber gut gehalten!".

Gut gehalten?! Was für ein Hohn! Sagen wir es mal so, gerade das mit dem Halten wird doch zunehmend zum Problem. Über längere Strecken wird es bei mir schon mal brenzlich, vor allem nach hinten raus ... ganz zu schweigen von den neidischen Blicken, die ich dann auf die Gehwagen der Senioren richte!

ICH BIN ZWAR ALT ABER ICH HALTE MICH JUNG

Andererseits habe ich mich wohl dann gut gehalten, wenn ich es schaffe, mich auch über längere Strecken in der Aufrechten zu halten? Also geht es gar nicht um fehlende Falten, sondern vielmehr um die Haltung?! Das hört sich gut an! Denn Falten gehören zu der Gruppe der „Muss-ich-wohl-hinnehmen-Symptome", die ich eben nicht wirklich ändern kann, während ich an meiner Haltung mit Sicherheit etwas ändern könnte? Aber wie?! Denn die Schlüsselfrage ist letzten Endes, ob ich (noch!) ausreichend Energie aufbringen kann, um mich im Alltag in der Aufrechten zu halten und der Schwerkraft unermüdlich zu trotzen, oder ob mir die Lust vergangen ist und ich mich freiwillig immer mehr jener Erde zuwende, in die ich mich dann begraben lasse?! Also ... so könnte man es ja durchaus interpretieren ... dürfen, oder etwa nicht?! Eine Art unsichtbare Anziehungskraft. Der Brustkorb neigt sich langsam gen Boden und grüßt schon mal freundlich „Hallo Erde, … bald komme ich und lege mich unter dich. Machst du bitte schon mal die Heizdecke an? Du weißt ja … wegen meiner Schmerzen".

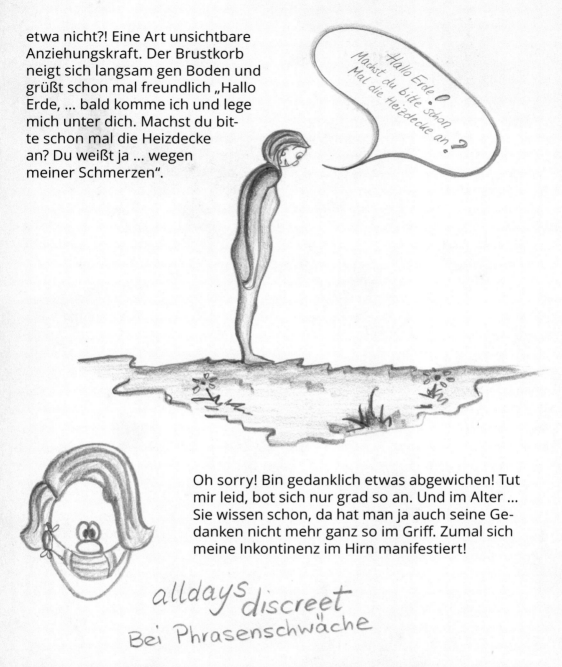

Hallo Erde
Machst du bitte schon
Mal die Heizdecke an?

Oh sorry! Bin gedanklich etwas abgewichen! Tut mir leid, bot sich nur grad so an. Und im Alter … Sie wissen schon, da hat man ja auch seine Gedanken nicht mehr ganz so im Griff. Zumal sich meine Inkontinenz im Hirn manifestiert!

alldays discreet
Bei Phrasenschwäche

Aber Sie haben natürlich recht, das mit der Erde und so, das ist wahrlich kein schönes Bild und es schickt sich nicht, über so traurige Dinge zu reden, auch nicht, wenn man unter Phraseninkontinenz leidet. Allerdings ist die Vorstellung, immer buckeliger daherzukommen auch nicht grade prickelnd. Immer nur den Boden anstarren?! Also, ich weiß ja nicht … Das ist doch kein Leben! Also zumindest, solange ich mich noch auf, statt unter dieser Erde aufhalte, ist es doch sehr viel schöner, in die netten Gesichter meiner Mitmenschen zu schauen als auf ihre Waden?!

Ich meine wow! Waden! Es ist doch eh schon schlimm genug, dass man in einem Alter ist, in dem einem keiner mehr hinterherpfeift. Wobei das aber vermutlich auch daran liegt, dass jene, die einen noch attraktiv finden könnten, selbst schon im Waden-fixier-Alter sind!? Und ich meine ... puh, das müssen ja dann schon die Mörderteile an Waden sein, damit da einer pfeift? Oder aber man hat einen Krampfader-Fetischisten erwischt! Nein, im Ernst, ich persönlich finde, dass Gesichter (oder auch knackige Pos) unendlich viel interessanter sind als Waden.

ICH WILL KEINE WADEN SEHEN! SONDERN LIEBER AUFRECHT GEHEN!

 Aber wieso hängt mein Kopf, wo er nicht hängen sollte? Wann und wie kam es dazu? Wer war der Fiesling, der ihn vor den Körper geschoben hat?

Schlüsseltag 2
Der besoffene Pinguin

„Du stehst immer so krumm. Stell dich doch einfach mal grade hin!" Toll! Danke! Das ist genau einer dieser coolen Ratschläge, bei denen ich auf dem Schlag in die Ecke kotzen könnte! Genauso wertvoll wie Tipps der Art: „Du schießt immer daneben. Du musst einfach nur ins Tor schießen". Oh, wow! Was für eine Mega- Hilfe! Danke dafür!

„Du stehst immer so krumm! Du stehst immer so krumm! Ja, was soll ich denn machen? Mein Kinn einsaugen?! Die Schulterblätter zusammenkneifen und zugleich die Schulterköpfe nach hinten ziehen? Aber warum kommen dann die Arme so deppert an den Seiten raus wie bei einem besoffenen Pinguin?! Toller Plan! Leider aber sehr anstrengend".

Nee Leute! So geht das nicht! Das halte ich genauso lange aus wie die Person, die mir diesen charmanten Tipp (im Übrigen völlig unaufgefordert) geschenkt hat, neben mir steht. Kaum ist sie um die Ecke, zischt es aus all meinen Löchern und flupp ... schon ist er wieder weg, der beschwipste Pinguin!, und ... blubb ... Kopf wieder vorne.

Und überhaupt! Ich lege keinen Wert auf gute Haltung! Meine schlechte ist mir viel lieber! Ich kann das nicht anders und ich will das nicht anders! Und ... ich will das nicht anders, weil ich das nicht anders kann! Das ist mir einfach alles viel zu anstrengend! Es ist vorbei, Leute! Ich muss mich nicht mehr quälen, nur weil ihr meint, dass das besser wäre für mich. Schließlich bin ich jetzt alt. Hey! Ich bin alt! Das ist doch wunderbar!!? Jeder sieht es und keiner macht mir einen Vorwurf, wenn ich mich der Alterungsverrottung kampflos zu Füßen lege! Eine miserable Haltung und natürlich auch tägliche Schmerzen in allen Knochen und Gelenken gehören nun mal dazu!!! Äh hallooooo! Ich gehe auf die 50 zu! Da steht es mir ja wohl zu, Schmerzen zu haben ... und das Auftreten einer alten Frau, mit Schulterköpfen, die sich wie ein Ersatzbusen neckisch nach vorne geschoben und somit nun rechts und links neben den Hauptbusen platziert haben (was im Grunde gar nicht so doof ist, da diese wenigstens noch stehen ... während die anderen sich schon nach unten verabschiedet haben). Und ich habe auch ein Recht auf verfettete Oberschenkel!!! Es ist doch völlig normal, dass sich da, wo früher ein paar Muskelfasern ihr Dasein frönten, nun Fettpolster niedergelassen haben. Na und?! Ich darf!!! Ich bin jetzt alt. Morgen bestelle ich mein Grab.

Schlüsseltag 3
OK, verstanden

Längst habe ich es verstanden. Nach der gefühlt hundertsten schlaflosen Nacht, die ich dank meiner hartnäckigen Nackenschmerzen erleben durfte, wittert mir so langsam, dass ich das „Stell-dich-doch-einfach-mal-grade-hin-Rätsel" knacken muss. Ich will es können ... aber anders!!! Denn die Pinguin-Version hilft mir einfach nicht weiter!

Schlüsseltag 4
Ich habe ihn ertappt!

Irgendwie würde mich schon mal interessieren, ob das echt mit meinem Alter zusammenhängt, dass mein Kopf nicht mehr **auf**, sondern nun mehr **vor** meinem Körper ist. Denn ok, ich bin zwar eine Frau, aber technisch bin ich dann doch soweit bewandert, um zu sehen, **dass mein Kopf nicht mehr da ist, wo er mal war** ... wenn ich mich im Spiegel betrachte. Ganz zu schweigen von dem neckischen Witwenbuckel, der mir da so langsam wächst. Und ebenso verstehe ich auch, dass irgendjemand diesen Kopf nun festhalten muss. Und dieser jemand ist vermutlich der Nacken, was er mir mit seinem brennenden Schmerz mitteilen möchte. Aber wann und wieso hängt der Kopf plötzlich ab und hält sich in Gegenden auf, in die er eigentlich nicht gehört?!

Regine ist schon da!

Ihr Körper kommt auch gleich !!!

Ich würde das nämlich ehrlich gesagt sehr gerne ändern ... ich möchte nämlich nicht, dass es mal heißt ...

Aber **wahrscheinlich sind es meine schweren Gedanken**. Ist doch klar! Bei meinem Alltag als berufstätige Hausfrau und Mutter!? Die Alltagssorgen machen den Kopf so schwer, dass ihm nichts anderes übrig bleibt, als sich der Schwerkraft hinzugeben. „Nimm mich, mit Haut und Haaren", hat der Kopf ihr ins Ohr geflüstert ... „Ganz dein will ich sein, liebe Schwerkraft! Dem Körper gehe ich fremd!"

Ich meine, mir ist schon längst aufgefallen, dass bei mir alles ein wenig anders ist. Nehmen wir da zum Beispiel mal die Sinnesorgane. Mir ist so, als würde ich Mängel irgendwie besser erkennen und feinmotorisch besser beheben als alle anderen Menschen dieser Welt!? Das ist ein wenig irritierend und keineswegs etwas, worauf ich sonderlich stolz wäre. Denn hey! Außer Nachteilen habe ich rein gar nichts von diesen außergewöhnlichen, ja fast schon außerirdischen Fähigkeiten. Außer natürlich andauernd was zu tun ... ja, zu tun habe ich dank eben dieser mir bei Geburt wohl mitgelieferten Begabung wahrlich genug.

Tolle Kiste … ein richtiger Traum, so viele Talente zu haben. Wirklich super. Danke. Da würde ich am liebsten sofort trotzig die Arme kreuzen und streiken … und gerne verzichten … auf die Mannigfaltigkeit meines Könnens. Denn nahezu alles!!!, und zwar völlig egal was … sei es der Abwasch oder die Abwicklung eines so wichtigen Projektes wie es der Einkauf der Nahrungsmittel für die Familie ist, scheinen nur dann perfekt zu gelingen, wenn sie von meiner Hand erledigt oder von meinem logistischen Superhirn organisiert werden. Und das weiß jeder. Und jeder kommt immer gerne zu mir, wenn er sein Sorgen- oder Auftragssäckchen loswerden möchte.

Und Schuld sind eben NUR meine Sinnesorgane, die scheinbar besser funktionieren als die der anderen Menschen, also zumindest besser als die Sinnesorgane jener, die sich in meiner unmittelbaren Nähe bewegen. Nehmen wir zum Beispiel den Geruchssinn. Der ist bei mir offensichtlich ganz besonders gut entwickelt. Wie ließe es sich denn sonst erklären, dass zum Beispiel nur ich die Gerüche wahrnehme, die der verzweifelte Müllsack aussondert, weil er endlich in die Mülltonne will! Vom unbemerkten Versuch des Müllsacks, mittels Überfüllung auf sich aufmerksam zu machen mal ganz abgesehen. Da sind es irgendwie auch immer nur meine Augen, die die Fähigkeit besitzen, eine differenzierte Analyse der Situation zu machen. Ich bin diejenige, die den Sachverhalt richtig einschätzt und zu Hilfe kommt, wenn der Deckel nicht mehr zugeht. Die anderen Familienmitglieder können das zum Beispiel nicht. Sie haben fürchterlich verkümmerte Sinnesorgane. Sie stopfen weiter, auch wenn eigentlich nichts mehr geht. Und so rollen die halbvertrockneten Eierschalen unter die Küchenzeile und treffen dort auf die leere Maisdose und das halbangebissene sowie grün verschimmelte Pausenbrot.

Und dann bin es wieder ich, die dank meiner ausgesprochen gut entwickelten Sinnesorgane der Verzweiflung des Sacks ein Ende setzt und ihn, mit viel Fingerspitzengefühl, aus der Tiefe des Eimers wieder hervorzaubert. Und für dieses ausgesprochene Geschick im „Müllsackrandfischen" wurde ich schon oft bewundert! Dass ich dabei den darüber liegenden und fast schon künstlerisch gestapelten losen Müll kurz umarmen muss, gehört nun mal dazu. Aber mein Gott! Bevor der Müllsack vor lauter Verzweiflung Selbstmord durch Platzen begeht, nehme ich es gerne auf mich. Kurzer Hand laufe ich wie ein junges Reh zur Tonne runter und schaffe das Problem aus der Welt, denn auch meine Beine sind die allerfleißigsten, wahrscheinlich sogar die fleißigsten der ganzen Welt. Und **dann ist es doch nur logisch, dass mein armer Kopf so schwer ist, dass er sich hängenlassen MUSS.**

Hm … aber hängt die Wanderlust meines Kopfes wirklich nur mit dem Gewicht von meinem Kopf zusammen oder spielt da vielleicht noch ein anderer Faktor mit? Ich schnapp mir mal 'nen Stift und skizziere mich

einfach mal skeletös, das heißt mal ganz ohne Haut, Muskeln oder Fett ...
mal sehen, ob mich das weiter bringt.

Jawoll! Herrschaftszeiten! Und ob mich das weiter bringt! Der Schädel
ist ja die Verlängerung der Wirbelsäule!!! Ferner habe ich entdeckt, dass
auch der Brustkorb an der Wirbelsäule hängt!!!

Dann muss es da ja einen kausalen Zusammenhang geben?!!

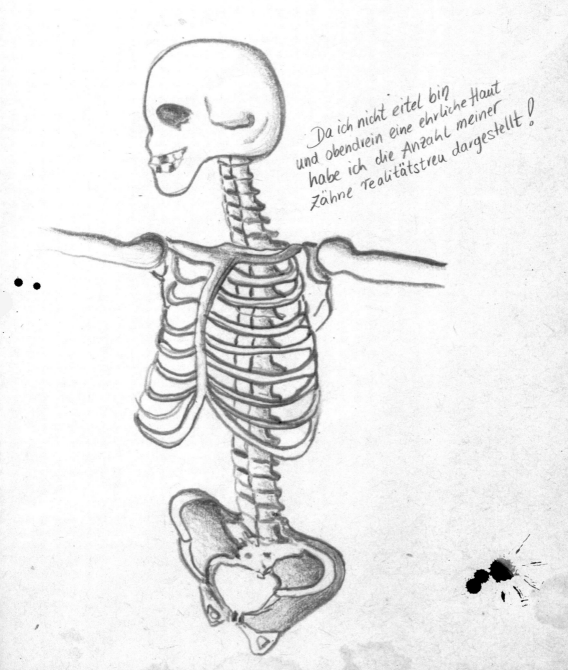

Da ich nicht eitel bin
und obendrein eine ehrliche Haut
habe ich die Anzahl meiner
Zähne realitätstreu dargestellt!

Warte, warte … das Ding ist mir zu unbeweglich …ich bastle mir mal ein mobiles Hampelmännchen

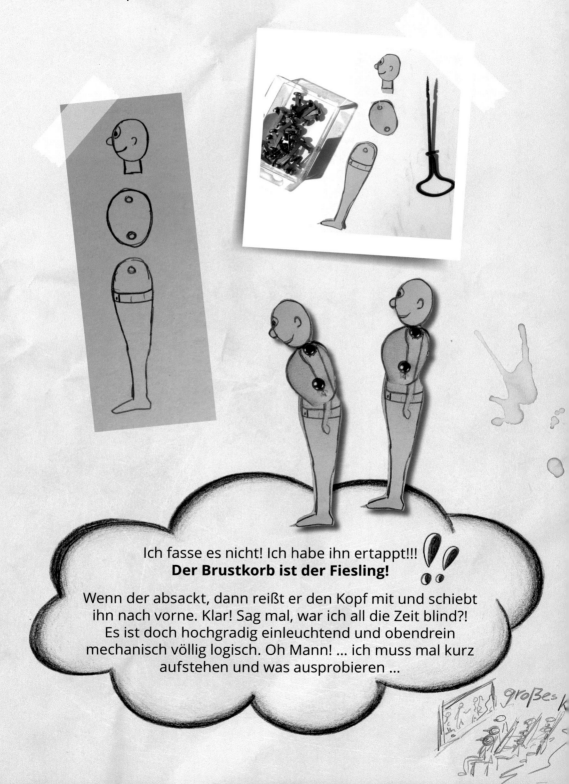

Ich fasse es nicht! Ich habe ihn ertappt!!!
Der Brustkorb ist der Fiesling!

Wenn der absackt, dann reißt er den Kopf mit und schiebt ihn nach vorne. Klar! Sag mal, war ich all die Zeit blind?! Es ist doch hochgradig einleuchtend und obendrein mechanisch völlig logisch. Oh Mann! … ich muss mal kurz aufstehen und was ausprobieren …

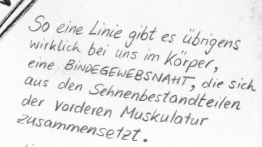

So eine Linie gibt es übrigens wirklich bei uns im Körper, eine BINDEGEWEBSNAHT, die sich aus den Sehnenbestandteilen der vorderen Muskulatur zusammensetzt.

„LINEA ALBA" (lat. für „weiße Linie"...) Ein fast schon musischer Name, nicht wahr ?!

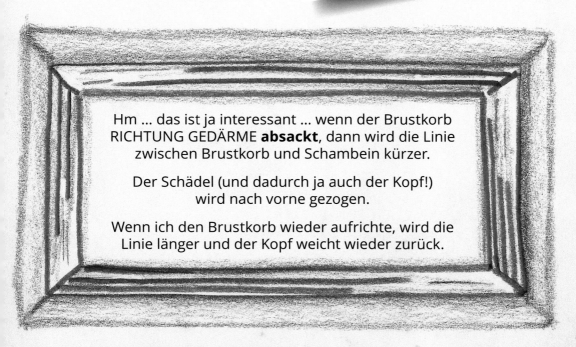

Hm ... das ist ja interessant ... wenn der Brustkorb RICHTUNG GEDÄRME **absackt**, dann wird die Linie zwischen Brustkorb und Schambein kürzer.

Der Schädel (und dadurch ja auch der Kopf!) wird nach vorne gezogen.

Wenn ich den Brustkorb wieder aufrichte, wird die Linie länger und der Kopf weicht wieder zurück.

Und DANN! ... ja, dann ist das Gewicht vom Kopf in gewisser Weise ja doch wieder von Bedeutung!? Vermutlich ein mechanisch erklärbares Phänomen, dass er sich auf einmal so schwer anfühlt, wenn er sich ein paar wenige Zentimeter vom Körper distanziert hat. F**ür diese „These" habe ich sogar einen Beweis!!!** Immer, wenn mir die Schmerzen mal wieder wie Teufel im Nacken liegen und ich diesen ungemein starken Drang verspüre, mir den Kopf abzureißen, dann ziehe ich noch schnell den Joker. Ich habe nämlich echt Bammel davor, dass ich diesen Trieb mal aus lauter Verzweiflung wahrhaftig in die Tat umsetzen könnte!!! Ok, eine schlagartige Linderung würde mir so ein Kopfabriss zwar ver- schaffen, allerdings würde sie recht schnell abebben bzw. kämen dann andere Probleme auf mich zu ... so ohne Kopf ist das Leben nämlich nur noch halb so spannend ... glaube ich. Aber wow! ... allein zu wissen, dass ich knallhart dazu fähig wäre, macht mir ein wenig Angst. Denn glauben Sie mir, ich wäre sowas von im Stande dazu! Ohne Zweifel! Ich wüsste auch schon die Drehtechnik, die ich dazu anwenden müsste.
Knack. Ab der Kopf. Weg der Schmerz. Erleichterung!!!
Glockenklänge!!! Juhu!

Zurück zum Joker... also, ich suche mir ein nettes, möglichst menschenleeres Plätz- chen (ergo wird schon mal klar, dass ich diesen Joker nicht immer ziehen kann!), suche mir eine Andockstelle auf Gesichts- höhe und lehne präzise und gekonnt die Stirn dort ab. „Plock", schon stehe ich da wie eine Schaufensterpuppe, die von einem launischen Dekorateur lieblos hingestellt wurde und deswegen nun vornüber gekippt ist. Klebt nun da ... das arme Ding, mit der Stirn an der Scheibe und muss sich mit ihren toten Augen die glotzenden Fußgänger gezwunge- nermaßen näher anschauen. Unzähligen Schränken, Wänden und Regalen konnte ich auf diese Weise die Stirn bieten!!! Übrigens, Küchenhängeschränke wa- ren da immer die besten Gefährten! Kein Abwasch ohne Stirnableger!!!

Leider haben wir bei der Planung unserer neuen „Hauptsache-mo- dern-Küche" Hängeschränke als unpraktisch abgetan und wegrationa- lisiert. Tja, selber Schuld ...

Sinngemäß kann ich aber feststellen, dass es mir immer dann am besten ging, wenn ich ein Brett vorm Kopf hatte.

Das beweist, dass der **Nacken sofort aufhört zu schmerzen, wenn er keinen Kopf mehr festhalten muss!!!** Krass, oder?!

Diese Erkenntnis erleichtert die Lösungsfindung ungemein! Denn so gesehen muss ich in Zukunft einfach nur dafür sorgen, dass jemand anders diesen Kopf festhält, Ein **Kopfhaltergehwagen** zum Beispiel ... ?!!!

Alte Krücke schnappen, kürzen auf die richtige Länge, unten ein Brett, vier Räder und fertig ist der Wagen mit ultraweicher Kinnablage!!!

Hm ... weiß nicht so recht ... ob mir das am Ende nicht dann doch ein wenig zu peinlich ist mit so einem schäbigen Holzwagen durch die Stadt zu laufen?

Und wenn ich da einfach einen smarten Studenten engagiere? Für gutes Geld wird der doch wohl vor mir hergehen können, um mein Haupt zu tragen?! Es bliebe die Frage, ob von hinten oder von vorne? Ich glaube am sinnvollsten wäre es von vorne ... ?! Aber der Job an sich, der wäre doch chillig, oder etwa nicht? Den Text für die Anzeige hätte ich auch schon: „Frau mit reiselustigem Kopf sucht Studenten mit großen kräftigen Händen und einem starken Bizeps ..." So ein Job als Kopfhalter ist doch besser als in einer Bar zu bedienen?!!

Nein. Jetzt mal wieder im Ernst. **Mein Ziel muss einfach sein, so wenig wie möglich im „Absacker-Modus" zu leben, damit der Kopf eben wieder auf mir thront und nicht vor mir hängt.** Nur dann muss ihn auch keiner festhalten, kein Nacken, kein Student, und nur dann wird auch keiner mehr überfordert. Leider aber befürchte ich bereits jetzt schon, dass mir das recht schwerfallen wird. Kurz: ein Hilfsarbeiter muss her!!! Alleine werde ich das nicht schaffen. Aber ... wer?!

 Die Lunge! Schließlich liegt sie direkt unter dem Brustkorb! Damit habe ich meinen eigenen Expander stets dabei! Das ist ja praktisch!! Einmal tief einatmen, den Brustkorb füllen so dass er wieder empor steigt und schon stehe ich da wie eine eins!

Ok, ein wenig anstrengend ist diese Haltung im Bauch ... unmittelbar unter den Rippen! Die Muskulatur dort scheint etwas verkümmert zu sein ... ?! **Und Schuld ist nur dieser hartnäckige Brustkorb-Absacker! Ich muss ihn bekämpfen, diesen fiesen Hund.** Und damit das auch emotional gut klappt, muss ich mein Feindbild personifizieren: Ich taufe dich auf den Namen Schrumpf!

Wunderbar! Genauso habe ich ihn mir vorgestellt, meinen Quälgeist! Fieser Typ ... da fällt es mir gleich viel leichter, ihn täglich zu bekämpfen. Denn ich sag mal so, ich werde mich doch nicht freiwillig in die Hände von so einem fies dreinschauenden Typen geben?! Nee, nee, nee. Da kann er sich mal schön ein paar andere Opfer suchen und sie zum geschrumpften Knödelmenschen mit Vorkopf machen! Ich habe da keinen Bock mehr drauf. Ich werde ab sofort in der Aufrechten gehen und mit stolzer Brust meinen Brustkorb zur Schau tragen. Und ja ... Sie werden schauen und sich wundern ... und nicht genau wissen, wieso ich plötzlich so erhaben und elegant daherkomme. Tja, meine Lieben! Die Zeit der Wadenfixierung ist vorbei!

Schlüsseltag 5
Wenn dir keiner hilft,
dann brauchst du eine Fee …

Wie so oft stehe ich vorm Spiegel und betrachte, was mit einem Körper so passiert, wenn man den Schrumpf besiegt und entdecke, dass nicht nur die Linie zwischen Brustbein und Schambein von Bedeutung ist, sondern auch der untere Rand vom Brustkorb. Ein Kreppband ist schnell gezupft und, voilá! In der Tat, es ist ein Pfeil!!!! Ich taufe ihn ab sofort **„Brustkorbpfeil"!**

Jetzt übertrage ich das mal auf ein wirkliches Skelett ... mal sehen, ob das auch so gut geht ...

Ja! wunderbar!
Ganz deutlich ist er zu erkennen, der **Brustkorbpfeil!!!**

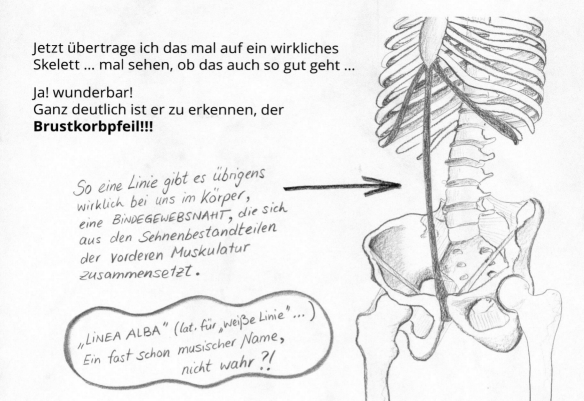

So eine Linie gibt es übrigens wirklich bei uns im Körper, eine BINDEGEWEBSNAHT, die sich aus den Sehnenbestandteilen der vorderen Muskulatur zusammensetzt.

„LINEA ALBA" (lat. für „weiße Linie"...) Ein fast schon musischer Name, nicht wahr?!

Zusammengefasst habe ich bisher also einen „Brustkorbpfeil" entdeckt und den „Schrumpf" als Feindbild geschaffen. Und ja, absolut ... es hat mir bereits schon echt gut geholfen, meinem Feind in die Augen schauen zu können ... Allerdings hätte ich auch gerne eine Freundin, eine, die mich bei meinem täglichen Kampf gegen den fiesen Wicht unterstützt.

Lange lässt sie nicht auf sich warten ... denn sie kommt mich sofort gedanklich besuchen, meine neue Freundin ... vermutlich reine Telepathie. Und ich habe keine Ahnung warum, aber ein vermeintlich verspielter Satz streift meine Seele wie ein zarter Hauch:

> „Wenn dir keiner hilft, dann brauchst du eine Fee, die Selbsthilfee!"

Ja klar doch! Die Selbsthilfe! Das ist natürlich die einzige, die in Frage kommt!!!

Die braucht sofort ein Gesicht! Stift und Blatt sind schnell zur Hand und ehe ich mich versehe schaue ich schon in die lieben Augen meiner Fee, meiner allerliebsten Selbsthilfee. Hier, noch schnell den Brustkorbpfeil und Bogen und schon bist du fertig.

Wer weiß, vielleicht sind es die alten Narben der unzähligen Versuche, konkrete Ideen und Vorschläge zu bekommen, um meine Nackenschmerzen loszuwerden, die mir die Bedeutung der Selbsthilfe so deutlich machen?

So Ihr zwei ... da seid ihr nun.

**Lasset die Spiele beginnen!
Möge der Stärkere gewinnen!**

Schlüsseltag 6
Das Ende der spasmatischen Zuckungen

Die spasmatischen Zuckungen, die mich sonst allabendlich auf dem Sofa überkamen, nehmen ab und die Verrenkungen und diversen Versuche, um irgendwie das Kinn so geschickt zu umfassen wie nur möglich, mit dem Ziel einer kurzen wohltuenden Entlastung im Nacken, werden weniger.

Das bleibt natürlich nicht unbemerkt, und jeder in der Familie registriert die völlig unbekannte Größe einer ausgeglichenen Frau und Mutter.

Tochter Laura erkundigt sich, erfährt mein Geheimnis, erfährt vom fiesen Schrumpf und der starken Selbsthilfee und widmet ihnen prompt ein Gedicht.

Schlüsseltag 7 🖤
Ein wahres Gedicht

Schrumpf und Selbsthilfee

Zu dunkler Stunde in der Nacht,
wenn alles schläft, nur einer lacht.
Sein Rücken krumm, die Haare lang,
mit greller Stimme sein Gesang:

„Schnick, schnack,
schwer ist der Sack.
Ich bind' ihn euch auf und ihr müsst ihn tragen,
mit Ächtzen und Stöhnen nach draußen euch wagen.
Ich bin der Schrumpf, ein fieser Wicht
und mag gerade Menschen nicht"

Mit spitzen Fingern und hämisch grinsend,
zwei leuchtende Augen durchs Schlüsselloch linsend.
Gekonnte Griffe so leise und schnell,
schon ist er verschwunden und draußen wird's hell.

„Picht, pacht,
mein Werk ist vollbracht.
Ich nahm eure Haltung und werd' sie bewahren,
nun wird sicher bald ein Schmerz in euch fahren.
Ich bin der Schrumpf, ein fieser Wicht,
und mag gerade Menschen nicht.

Er treibt das Spiel sehr lange schon
und foltert uns mit seinem Hohn.
Zu viele sind durch seine Krallen,
ganz schwach in sich zusammengefallen.

In hellem Glanz am nächsten Morgen,
hat sie ein Ohr für unsere Sorgen.
Die Brust geschwellt, ihr Kopf erhoben,
mit heller Stimme singt sie von oben:

„Schnick, schnack,
schwer ist der Sack.
Dann schlepp ihn nicht weiter,
mach's Leben dir heiter.
Selbsthilfee nennt man mich überall,
ich kämpfe gegen Schrumpfbefall"

Bewaffnet mit 'nem Brustkorbpfeil,
schießt sie gezielt und macht dich heil.
Mit warmem Lächeln und zarter Hand,
schenkt sie zurück, was nachts verschwand.

„Picht, pacht,
wir haben's vollbracht.
Brustkorb hoch und Blick nach vorn,
die Haltung bewahren, der Schrumpf tobt vor Zorn.
Selbsthilfee nennt man mich überall,
ich kämpfe gegen Schrumpfbefall"

Autorin: Laura Trat

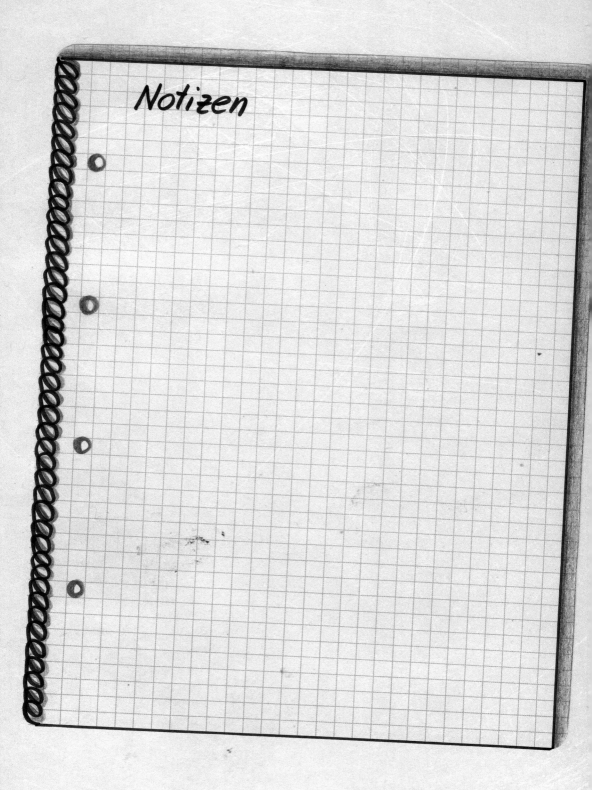

Notizen

Schlüsseltag 8
Vier magische Punkte

Die Übeltäter meiner Nackenbeschwerden zu finden, ist mir, rückblickend betrachtet, gar nicht so schwer gefallen. Wesentlich schwerer fällt es mir hingegen, mich nun im Alltag auch stets daran zu halten. Der Pfeil der Selbsthilfee ist zwar längst kapiert, doch irgendwie ist seine Haftung bei mir immer nur von kurzer Dauer. Die Arme muss schon völlig frustriert sein mit mir ...

Einem so hartnäckigen „Disziplin-Muffel" begegnet sie sicher (oder hoffentlich) nicht alle Tage. Direkt erstaunlich, mit welch außergewöhnlich starker Ausdauer ich es täglich schaffe, dem Schrumpf zum Opfer zu fallen, diesem Hundskerl! Immer wenn ich denke: „So Schnuckie, heute, heute gibst du aber mal so richtig Vollgas mit dem Pfeil!!!" erleide ich sofort einen schweren Schrumpfbefall?!! ... Bin ich doch schon zu schwach? Vermutlich! Oder vielleicht ist der Schrumpf spitzfindig genug, um auszunutzen, dass ich so denke? Ich befürchte fast ja ...

Aber andererseits habe ich es so satt, dass dieser, MEIN Körper, über mich bestimmt!!!? Da läuft doch irgendwas schief! Nicht er sollte doch über mich, sondern vielmehr ich sollte doch über ihn bestimmen ... oder etwa nicht?!

Aber nein! Ständig übernimmt er die Überhand und entscheidet einfach über meinen Kopf hinweg ... (naja ok ... da wo der hängt ... ist das ja schon fast eine Einladung) ... Dennoch! Allein die Vorstellung, dass mein eigener Körper über mich bestimmt, ist doch völlig idiotisch! Nur weil dieser depperte Körper ein notorisch fauler Sack ist, der von morgens bis abends nichts Besseres im Sinn hat, als sich der ventralen Spannung unserer „Sitz & Buckel-Gesellschaft" zu Füßen zu legen und somit ständig als Absacker im Brustkorbgebiet rumchilled, werde ich doch nicht als knödeliger Gnom mit einem scheußlichen Vorkopf wie der vom Schrumpf rumlaufen!? Also ... nur damit wir uns hier nicht missverstehen, alt sein heißt für mich noch lange nicht, dass es mir völlig egal ist wie ich daherkomme! Ganz so tief wollte ich dann doch noch nicht fallen

... nee, nee, Freundchen! So läuft das Spiel nicht. Über meinen Körper entscheide ICH, hörst du!? ICH, ICH, ICH!!! Und zwar ganz alleine! Und wenn ICH WILL, dass MEIN Kopf AUF und NICHT irgendwo im Vorort von Vorderdupfing rumhängt, dann will ich das so und dann wird das auch so sein! Hamma uns verstanden?! So weit kommt`s noch! Ich bin doch kein Looser, oder ... ?! Naja ... vielleicht manchmal ... oder auch manchmal recht häufig ... also häufig manchmal.  Ach Mann! Dieser Alltag ist `ne miese, dreckige, kleine Sau. An jeder Ecke lauert der schrumpfige Brustkorb-Absacker und lockt mit seiner gewohnten Gemütlichkeit! Warme Worte flüstert er mir dann immer ins Ohr: *„Komm, komm mein Schatz ... Komm auf die bequeme Seite dieser Welt, mach es dir gemütlich, mein Mäuschen! Was soll die ganze Plagerei und dieser anstrengende Kraft-akt?! Meinst du denn wirklich, dass sich das noch lohnt?! Hast du schon mal in deinen Pass geschaut? Ja, ich weiß, das Foto, es ist nicht schön ... da hast du Recht. Aber das meinte ich gar nicht ... schau mal auf die Rückseite ... hast du schon mal auf dein Geburtsdatum geschaut? Findest du nicht, dass sich so viel Mühe da gar nicht mehr lohnt?! Also, ich weiß ja nicht ..."*

Stimmt ... du weißt es nicht. Aber ich! Ich weiß es ... und zwar ziemlich genau seit ... soeben! Ich werde es, und das sage ich dir gleich, nicht nur machen, sondern auch schaffen (!!!!!) und zwar nicht obwohl, son-dern gerade, weil das Jahrtausend meiner Geburt laut Pass mit einer 1 beginnt! Und ich weiß, dass du es mir nicht glauben kannst ... ja schon fast nicht glauben darfst! Schließlich kennst du mich seit Geburt, mein kleines süßes rosa Schweinehündchen, das im Innersten meiner Seele so gemütlich haust. Aber glaube mir, so leicht lasse ich mir die Vorteile nicht nehmen! Dieses Mal wird es klappen. Nicht einfach so, sondern mit einem Lächeln!

Denn ein Lächeln ist möglicherwei-se meine letzte Chance, um die All-tagsfallen elegant zu ignorieren. Der Alltag ist ja nicht nur mein ärgster Feind. Nein. Er präsen-tiert mir ja auch pausenlos herzergreifend traurige Szenarien. Diese werde ich in Zukunft mit einem zarten Lä-cheln belächeln und ganz beiläufig daran denken, dass in ein paar Millionen Jahren die Erde sowieso von der Sonne verschluckt wird. Schwupp! Weg isse! Und mit ihr all unsere irdischen Reichtümer, Berge, Häuser, Fotos, Klamotten, Laptops, Sorgen und Ängste. Auch unsere Meere werden es nicht schaffen mit ihrem ganzen vielen Wasser, dieser recht heißen Hitze standzuhalten. Und dennoch ist es immer wie-der schwer, die Dramen des Alltages miterleben zu müssen.

Schenk mir dein schönstes Lächeln, Baby!

Letztens zum Beispiel … da sah ich diese Streichwurst neben dem Brotbrett liegen. Wie gerne würde sie wieder in den Kühlschrank, denn nur dort fühlt sie sich wohl! Doch ihr wollen einfach keine Beinchen wachsen! Auch der Schraubenzieher, die leere Kakaotasse und das triefendnasse und so kunstvoll zusammengeknüllte Handtuch teilen dieses Schicksal. Ganz woanders wollen sie sein, sie wollen nach Hause … in ihre Schubläden, in die Spülmaschine, über warme Heizungen oder in Wäschekörbe … doch sie wurden vergessen. Sie sind lost (!), um es mal auf Neudeutsch auszudrücken. Manchmal höre ich sie ganz leise winseln, wenn sie davon träumen, wie ihnen flinke Läuferbeinchen wachsen. Vereinzelt haben es ein paar von ihnen, auf für mich völlig unerklärliche Weise, geschafft, sich irgendwie fortzubewegen, sind aber dann leider, kurz vor dem Ziel, zusammengebrochen! Ich sag es Ihnen … das ist schon ein extrem bedrückender Anblick, wenn so eine Socke es fast geschafft hätte, aber direkt vor dem Wäschekorb von den Kräften verlassen wurde. Einfach so! Von einer Sekunde zur anderen und ohne Vorwarnung, wie ein toter dicker Regenwurm in sich zusammengefallen. Vor dem Tor der Erlösung!? Ich meine, hallo!? Kann es etwas Gemeineres geben auf dieser Welt? Ich glaube nicht … Und deswegen muss ich mir dringend ein gesundes Lächeln zulegen. Eines, das möglichst polyvalent einsetzbar ist. Zum einen als Selbstschutz vor dem fiesen Schrumpf, versteht sich, und zum anderen als Schutzschild, das mich davor bewahrt, mich im Alltag von diesem Trauerstrudel vergessener Gegenstände mitreißen zu lassen. Ich darf das Leid dieser Dinge einfach nicht an mich heranlassen! Schließlich sind das nicht meine, sondern deren Sorgen, nicht wahr?! Auch wenn sie mir immens leid tun, wenn sie da so liegen, echt! Aber ich kann und darf ihnen nicht immer helfen … sonst erlischt auch noch das letzte Aufflackern der Kerze ihrer Fähigkeiten.

Ein Lächeln wird mir dabei helfen! So mache ich es! Wunderbar! Gibt es einen schöneren Weg, als die täglichen Herausforderungen einfach wegzulächeln? „Oh! Was ist das? Ach, die leere Chipstüte ist es, die aus der Sofaritze so neckisch herausblitzt?! Ha! Schon weggelächelt! Der fiese Schrumpf bedroht meine Haltung?! Ha! Schon weggelächelt! Da sitzt ein wunderschöner Vogel auf dem Baum?! Ha! Schon angelächelt!" Leute! Leute! Das wird eine Ausstrahlung mit einer bestialischen Wirkung. **Und so ein Lächeln ist doch mit Sicherheit auch der beste Kollege der Selbsthilfee, oder nicht?!**

Übrigens! Letztens habe ich etwas entdeckt, das so erstaunlich ist wie simpel. Und Sie werden es kaum glauben. Aber ich habe in der Tat erspüren können, dass ein Buckel und ein Lächeln nicht zusammen passen! Sitzen Sie grade alleine? Dann versuchen Sie es mal. Rufen Sie den Schrumpf mal zu sich und lassen Sie einfach den Brustkorbabsacker volle Kanne zu. Jaaa … so, genauso. Sehr gut, lassen Sie die Schultern ordentlich hängen. Und jetzt … lächeln Sie mal … gaaanz breit.

Fühlt sich irgendwie be-
scheuert an, finden Sie
nicht? Also, ich finde,
dass da so ein Gefühl
aufkommt von schwach-
sinniger Lethargie,
gemischt mit einer senilen
Essenz.

Fazit: zu einem Lächeln passt
kein Buckel!!!

Da muss es also sowas wie eine
geheime Verbindung zwischen
den Mundwinkeln und den
Schultern geben!? Etwa so:

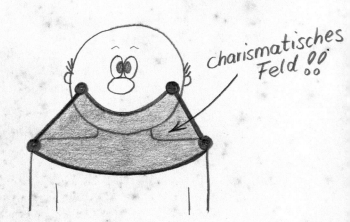

charismatisches
Feld !!

Jetzt endlich verstehe ich, was das charismatische Feld eines Menschen
ist! Denn normalerweise ist es ja so, dass man das Charisma eines Menschen spürt, aber nicht sieht! Diese Skizze macht also Unsichtbares sicht-
bar Wow! Das ist ja cool! Und wissen Sie, warum das so cool ist? Weil ich
es nun endlich bewusst steuern kann. Es ist die Haftungsgrundlage, die
mir bisher gefehlt hatte, um die Pfeile der Selbsthilfee mit Leben zu füllen. Und was ich Ihnen noch gar nicht verraten habe ... das Lächeln zieht
nicht nur die Schultern an ihren Platz, sondern setzt sich nach unten hin
weiter durch. Man steht plötzlich ganz anders! Beide Füße spüren die
Erde. Erde! Was für ein tolles Element! Wieso rennen wir ständig darüber
hinweg, statt sie mal ganz füßig zu spüren? Also, mein Entschluss steht
fest: Ich werde mich ab sofort **lächelnd erden!**

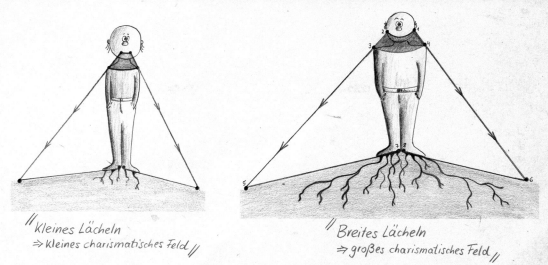

Kleines Lächeln
⇒ *kleines charismatisches Feld*

Breites Lächeln
⇒ *großes charismatisches Feld*

Und dennoch ... eine Hürde bleibt: die körperliche Anstrengung. Insbesondere die Muskulatur im Rumpfbereich gibt extrem schnell auf, wenn ich versuche, mein Brustkorbpfeil-Dasein mit einem Lächeln zu zelebrieren. Hm. Eigentlich schade. Und wenn ich mein Lächeln mit Doping stärke? Was könnte ich da mal nehmen ... was könnte ich nehmen ... Cocktailtomaten! Klar!!! Die sind ideal!

Weltrekord! Dieses Dopingmittel
ist echt der Hammer!

41

Ok, Scherz beiseite. Im Grunde genommen ahne ich längst, dass mir diese Arbeit keiner abnehmen wird. Keine Fee und auch kein Lächeln. Das kann letztlich nur ich mit meinen Muskeln tun, erneut tun und immer wieder tun ... oder es eben ganz sein lassen. Also entscheide ich mich fürs Tun und vertraue darauf, dass die Muskelfasern von meiner Körpermitte, die nach all den Jahrzehnten der Enthaltsamkeit schlichtweg verlernt haben „mich zu halten", es dank meiner Hartnäckigkeit dann doch irgendwann wieder schaffen werden, mich mit einer haltenden Kraft zu verwöhnen. Schön wäre, wenn mich diese tiefe Muskelkraft dann mit einer so lockeren Selbstverständlichkeit in der Aufrechten halten würde, dass ich dabei trotzdem noch problemlos atmen und reden kann?! Machbar?! Puh! Ich hoffe. Noch erscheint es mir unerreichbar zu sein, weil ich es meist nur über kurze Strecken schaffe, nicht abzusacken. Andererseits, wenn ich jetzt schon aufgebe, nur weil es nicht auf Anhieb klappt, dann werde ich nie erfahren ob es jemals geklappt hätte. Aber anstrengend ist es allemal, und der Simsalabim-Weg wäre mir ehrlich gesagt auch wesentlich lieber, aber ok, ich will mal nicht so naiv sein. Dran bleiben, das ist das Einzige was helfen wird! Dranbleiben und nicht verzagen! Nur so wird es klappen mit dem langfristigen Erfolg. Ohne Wenn und Aber ...

Was in jedem Fall hilft, sind die magischen Punkte!!! Ich kann ihnen sogar Körper verleihen! Diese vermeintlich banalen Aufkleber zeigen auf, worauf ich täglich achten muss. Die Punkte zwischen Brust- & Schambein (Stängellänge) sollten so getrennt wie nur möglich sein, die Punkte auf den Schultern sollten stets aus meinem Blickfeld verschwinden ... und schaffen tu' ich das Ganze dank der breit lächelnden Mundwinkel-Punkte!

Aber woher soll ich die Ausdauer und Energie dafür holen? Ach!!! Klar!!! Ich weiß es wieder! Fast hätte ich es vergessen! Wie war das noch ...? Was wolltest du einst einmal erreichen? Einen Kopf, der nicht vor, sondern auf dem Körper wohnt, damit diese ätzenden Nackenschmerzen verschwinden. Richtig! Und wie schaffst du das? Mit dem Brustkorbpfeil und dem Siegeszug gegen den Schrumpfbefall ... Ja, da schau her!!! ... Und worauf wartest du dann, wenn ich mal fragen darf?! Ich meine ... soll da jemand bei dir täglich vorbeikommen, an der Tür klingeln und dich, nach einem kurzen Ratsch, in die Aufrechte hieven, oder was?! Huhu! Aufwachen!!! Da kommt keiner, um dir zu helfen. Entweder du machst das schön selbst oder eben ... niemand. Die Selbsthilfee heißt doch nicht umsonst Selbst – Hilf – Fee?!

Die Nicht-Duldung ist der Schlüssel zum Erfolg. Wenn ich es zulasse, dass ich dem Schrumpf zum Opfer falle, dann sind nicht die „Gene, das Alter, mein fehlendes Talent oder etwa der Apfel schuld, den ich gestern zu später Stunde noch gegessen habe", sondern ICH. Und jetzt weiß ich auch, woher ich die tägliche Energie nehmen werde: aus meinem **Stolz!** Ich werde nicht zulassen, dass der Stängel (Pfeilschaft) von meinem Pfeil an Länge verliert. Und dass das mit körperlicher Anstrengung verbunden ist, gehört nun mal dazu. Basta! Wer was erreichen will, muss bereit sein, auch etwas dafür zu tun. So ist das Leben. Und mein Leben werde ich nicht weiter als schmerzleidender Absackknödel verbringen. Warum? Weil ich das nicht schön finde! Und, hey! Das sollte doch reichen, um mir die Kraft und Energie zu geben, die ich körperlich benötige?!

Und überhaupt, **Herausforderungen sind doch das Salz in der Suppe in unserem Leben! Gäbe es die nicht, wäre alles ein wenig fad.** Auch hier wird mir ein Lächeln helfen. Und zwar insbesondere die Breite von ebendiesem. Ich werde es im direkten kausalen Zusammenhang mit jeglichen Herausforderungen stellen, die mir so über den Weg laufen.

Umso größer die Herausforderung, umso größer der Stress, desto breiter wird mein Lächeln sein! Jetzt erst recht! So heißt meine Divise.

„Am liebsten würde ich weinen, weil ich das Gefühl habe, es nicht zu schaffen?! Ok, dann lächle ich erst recht!"

Je größer die Herausforderung desto breiter mein Lächeln!

Schon beobachtet? Was ist für gewöhnlich das erste, was du in Stress-situationen verlierst? Na?! Ganz genau ... die Haltung! Und zwar die Körperhaltung! Und ... was passiert nochmal, wenn die Schultern hängen? Die Mundwinkel folgen!!! Was heißt das konkret? Dass du dein Lächeln verlierst!!! Ups! Siehst du ... und genau das ist der größte Fehler, den du machen kannst und der aller-, aller-, aller- schlechteste Moment! Warum? **Weil du vor einer Herausforderung stehst. Empfange sie mit breiten Schultern und mit einem Lächeln.**

Und nun weiß ich, dass ich es schaffen werde. Und es wird mir mal besser und mal schlechter gelingen ... das weiß ich natürlich auch. Aber in der Summe der Tage und Monate werde ich es schaffen, den Schrumpf zu besiegen. Und irgendwann wird es derart in Fleisch und Blut übergegangen sein, dass es auch keine körperliche Anstrengung mehr bedeuten wird.

Ach ja ... wie isses nur schön! Ich stelle immer wieder fest: So ein schönes, warmes, breites Lächeln ist etwas wunderbar Magisches! Eine richtige Wundertüte! Es beeinflusst unseren Körper und unseren Geist.

Daher verstehe ich gar nicht, warum vielerorts so sparsam damit umgegangen wird! Ein kurzer Blick in die Politiksendungen oder Managergesichter reicht, um festzustellen, dass ein Lächeln dort wohl Mangelware ist. Manchmal habe ich das Gefühl, dass die „wirklich wichtigen Menschen" unserer ach so strengen, leistungsorientierten und Kennzahlen-gesteuerten Gesellschaft denken: „Wenn ich lächle, dann schrumpft mein Gehirn!" Und klar, wer will schon so ein schrumpeliges Ding unter der Schädeldecke!?

wenn ich lächel',
dann schrumpft
mein Gehirn !!!

Die Frage ist nur, ob das denn wirklich so wäre?! Meine These ist vielmehr: „Um Erfolg zu haben, musst du kein Arschloch sein". Vielleicht sollte man diese gute Nachricht mal den Betreffenden notorisch ernstschauenden Menschen überbringen?! Vielleicht würde das für sie einen urknallähnlichen Befreiungsschlag bedeuten?! Und sie würden feststellen, dass sie all die Jahre völlig unnötigerweise als nicht lächelndes Arschloch durch die Welt gegangen sind und könnten nun erlöst damit aufhören!!! Das wäre dann ja sogar eine richtig gute Tat!? Aber das alles ist ja letztendlich nur meine ganz persönliche Meinung, und ich schreibe das ja auch zum Glück nur in mein ganz persönliches Tagebuch. Denn, wenn ihr mich fragt, so ist es eher so, dass ein Lächeln das Gehirn ventiliert ...

Morgen HEUTE !!

Schlüsseltag 9
Meiner ist 40,5 cm lang!

Wenn ich mir den Brustkorbpfeil von der Selbsthilfee mal genauer anschaue, dann sehe ich einen ganz normalen Pfeil.

Spitzdach

Stängel

Mit einem Stängel und einem Dach, bestenfalls einem Spitz- und kein
Flachdach

Ich stelle mir grade die Frage, wie lang mein Stängel im vollständig ge-
streckten Zustand wohl sein mag? Aha, gemessen von Knochensubstanz
bis Knochensubstanz ... d.h. vom Brustbein bis zum Schambein, ist mein
Stängel also 40,5 cm lang. Und mit Schrumpfbefall? 36,0 cm?!! Ernsthaft?
So viel kürzer? Krass, hätte niemals gedacht, dass das so ein großer
Unterschied ist?!

Auf den Punkt gebracht
könnte man es so
ausdrücken:

Als „Lang-Stängeler"
trage ich meinen Kopf
AUF dem Körper,
(als „Kurz-Stängeler" DAVOR).

Im Grunde sollte jeder Mensch seine Stängel-Länge genauso kennen wie seine Schuhgröße!!! Jedes Kind, jede Frau, jeder Mann, ob jung oder alt, einfach jeder sollte doch zumindest seinen Soll-Zustand kennen!!! Leute dieser Welt, steht auf und messt euren Stängel!!!

Leute dieser Welt steht auf und messt eure Stängel!!!

Schließlich besteht nur so dann auch die Chance, den Ist-Zustand im Alltag kritisch zu hinterfragen, oder etwa nicht? Alles andere verläuft sich im Sande der „Ich-lüg-mir-in-die-Tasche-Bekundungen" der Art „Ok ... ich werde mal versuchen aufrechter zu gehen", die alleine schon wegen der Wortkombination „mal versuchen" meistens schon im Ansatz scheitern.

Aber wenn ich mein Soll kenne, und zwar in cm!!! Wow! Dann eröffnen sich mir ja die ganzen vielen Steuerungsmöglichkeiten, die ein Soll-Ist-Vergleich so bietet. Und zwar ganz pragmatisch. Auf den Punkt. Sowas mag ich!

Ich kann mir zum Beispiel Tagesziele setzen ...

„Heute werde ich darauf achten, mein Stängel-Längen-Soll von 40,5 cm nicht häufiger als 50 % der Zeit, in der ich wach bin, zu unterschreiten."

Schlüsseltag 10
Stängel-Längen-Soll-Beobachtungstag

Heute habe ich es getan! Und bin echt froh, dass ich diesen Selbst-test mal gemacht habe, denn ich habe Körpererlebnisse gehabt, von denen ich noch nicht einmal wusste, dass ich sie in mir trage! Psychisch schwankte ich ständig zwischen dem gefühlt zu hohen Ziel, das ich mir gesetzt hatte, mindestens 50 % des Tages mit meinen 40,5 cm Stängel-länge rumzulaufen, und der Empörung, dass es doch nicht sein kann, dass es mir so schwer fällt, mich über längere Zeit (d.h. länger als 1 Minu-te am Stück!!!) in der Aufrechten zu halten!? Ich bin fassungslos! Da fehlt es aber mächtig. Es war extrem anstrengend. Mental UND körperlich. Innen wie außen ...

Ein paar meiner Mitmenschen bemerkten meine neue Haltung und konnten es (natürlich!!!) NICHT lassen, mich darauf anzusprechen. „Gab es bei dir heute Stock zum Frühstück?" Haha. Sooo witzig! Am liebsten hätte ich erwidert: „Ja! war lecker! Bei dir gab es Knödel, richtig?" Immer wieder dasselbe mit diesen Mitmenschen, kaum bemerken sie, dass man dabei ist etwas zu verändern, verspüren sie einen scheinbar nicht zu bremsenden Drang, es zu kommentieren. Blöd Daherreden könnte man es auch nennen. Wüsste mal gerne, wieso das so ist. Als Zeichen, dass sie grade nicht schlafen? Oder ist es Missgunst? Neid? Neugier? Wie auch immer, das Problem dabei ist, dass immer eine leichte Zerstör-Energie mitschwingt, auf die man sich niemals einlassen sollte, wenn man wirk-lich etwas verändern möchte! „Hä? Nee, wieso Stock? Ich mache heute einen Stängel-Längen-Soll-Beobachtungstag!" Die Selbstverständlichkeit im Ton meiner Antwort machte klar, dass nicht ich etwas Bescheuertes mache, sondern vielmehr jene/jener mit der bescheuerten Frage. Schlau wie ich bin, gab ich keine Gelegenheit zum Kontern und wandte mich ab, streckte meinen Stängel demonstrativ bis zum Erreichen der stolzen Zahl von 41 cm und marschierte elegant von dannen, zurück in mein Büro.

Aber hey! Ich sage Ihnen ... **so ein Stängel-Längen-Soll-Beobachtungs-tag ist pures Krafttraining für den Rumpf.** Halleluja, ist das heftig! Und ich muss sagen, der Nacken hat es mir spürbar gedankt. Es passierte aber auch etwas völlig Unerwartetes. Es reagierte nämlich auch die Muskulatur vom unteren Rücken, der irgendwie automatisch in eine Art „Hohlkreuz Position" gezogen wird. Was?!!! Hohlkreuz?! Oh Gott NEIN! Ein Hohlkreuz!??

Es gibt kaum etwas, das so verteufelt wird wie ein Hohlkreuz!?

Wieso? So ein Hohlkreuz gehört genauso zum menschlichen Körper wie Zähne oder Haare! Die Wirbelsäule ist nun mal kein Stock, sondern eine Wirbelsäule. Und wir, wir sind Wirbel-Tiere. Wirbel ... verstehen Sie? Wir können uns (theoretisch) wie eine Schlange schlängeln, vorausgesetzt, dass sich gewisse Bereiche (mangels Nutzung) nicht von selbst schon längst „versteift" haben.

Das ist sofort zu verstehen, wenn man sich im Gegensatz dazu eine Fliege vorstellt, die grade über einen Tisch marschiert... oder auch als Ganzes (und dabei meistens recht steif wirkend) von a nach b hoppelt. Fliegen sind nämlich keine Wirbeltiere... deswegen schlängeln sie so selten.

Also, worauf will ich hinaus?

Eine „Lehrbuch-Wirbelsäule" hat eine sogenannte **„S-Form"**. Und das ist auch gut so. Hätte sie z.B. eine „I-Form", dann wäre jeder Sagittal-Stoß, wie er etwa beim Gehen oder Springen auf uns einwirkt, sehr viel belastender.

Wenn Sie einen Besenstil senkrecht halten und dann loslassen, was würde passieren? Würde er vom Boden zurückprallen und ggf. sogar wieder bis in Ihre Hand zurückdopsen? Vermutlich! Wäre er aber gebogen ... dann wahrscheinlich nicht, oder? Ergo erfüllt ein Hohlkreuz im Sinne einer sogenannten normal ausgeprägten Lordose (denn so heißt diese Biegung da unten in der Fachsprache) eine wichtige Funktion.

Also im Grunde nichts, wovor ein Mensch Angst haben sollte. **Problematisch wird es immer dann, wenn es zu Abweichungen kommt oder sich die Krümmung abnormal verstärkt** etc. etc.

Und wenn ich mir mal so die Übergänge anschaue, die mit dieser S-Form einhergehen ... dann wird mir so einiges klar!!!

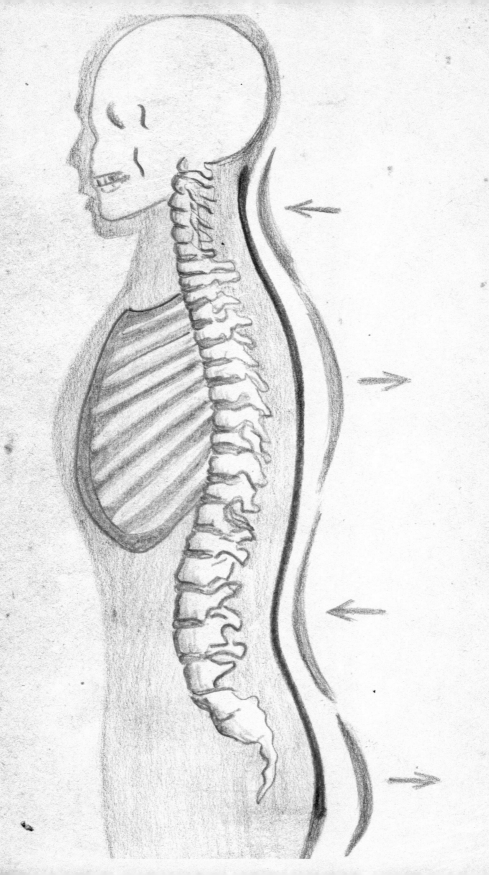

51

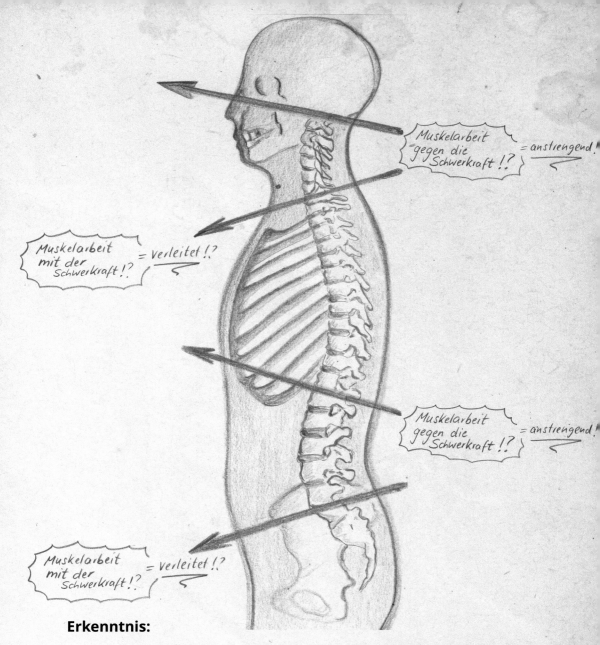

Erkenntnis:

Zwei Übergänge dieser S-Kurve verlaufen also Richtung Schwerkraft und man kommt schnell in Versuchung, der „Sog-Linie" Richtung Boden nach-zukommen, was vermutlich die Statik verändern würde.

Die anderen zwei Übergänge verlaufen wiederum „nach oben". Um diese auch (gemäß Soll!) oben zu HALTEN, muss ich also einen permanenten Kraftakt vollbringen! Und das mal eben von morgens bis abends (!?). Wenn ich das nicht mache oder nicht schaffe ... dann wird auch das wie-der die Statik verändern ...

Ach ... ich zeichne mir dieses Fallszenario einfach mal, dann sehe ich ja, was dann passieren würde ...

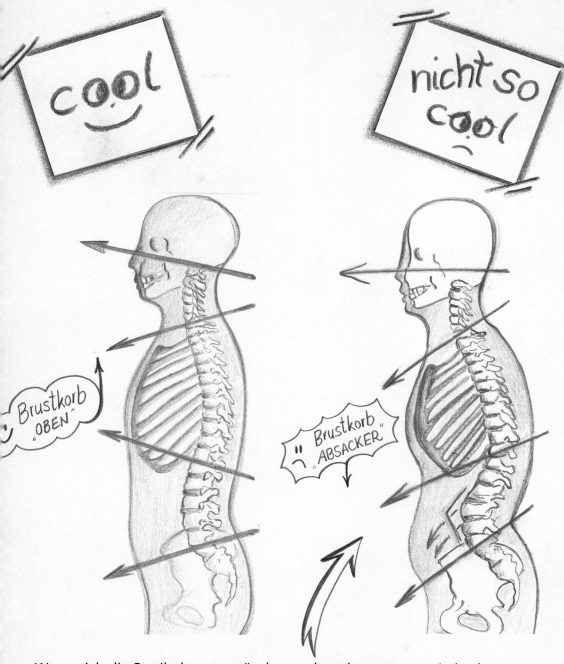

Wenn sich die Statik derart verändert ... dann kommt es zu Irritationen. Anders ausgedrückt: zu Schmerzen!!! Konkret: zu Rückenschmerzen. Wahnsinn! Oder?!

Ein rein statisch, mechanisch erklärbares Problem?!! Krass, nicht wahr? So „einfach" ist es im Grunde zu lösen ... dieses MEGA Problem unserer Gesellschaft?! Rückenschmerzen! Wow!!! Wer hat sie eigentlich nicht?!!! Nichts als die Folge unserer ventral gespannten Gesellschaft! Kein Hexenwerk also!? Im Grunde (aber eben nur im Grunde ...) ganz leicht zu lösen?!!

Der Brustkorb-Absacker und dessen Folgen sind auf dem Bild rechts deutlich zu sehen ... Dass er mitverantwortlich dafür ist, dass auch die Statik im Lendenbereich verändert wird, ist in dieser Zeichnung gut zu sehen. Weitere Details dazu habe ich im Schlüsseltag „Fluch und Segen" beleuchtet.

Ohhmmmm...

Anmerkung der Autorin

Aber ... warum wird ein Hohlkreuz von vielen dann so gefürchtet?

Ich habe bei meiner aktuellen Arbeit am Menschen sehr oft beobachtet (und im Übrigen auch deutlich ertasten können), dass vielmehr die unnatürliche Veränderung der Knochen-/Wirbelkörperanordnung und die damit verbundene Veränderung der Statik das Problem ist. Anders ausgedrückt ... es ist halt blöd, wenn aus der „S-Form" untenrum ein „L" wird. Das ist dann nämlich keine harmonisch ineinandergreifende/geschwungene Lordose („Kurve") mehr, sondern fast schon eine „Ecke". Verglichen mit dem Autofahren stellen wir fest, dass die Kräfteverteilung beim Umfahren einer Kurve eine völlig andere ist als beim Umfahren einer Ecke ... Und wenn aus einer Kurve plötzlich eine Ecke wird ... dann kann man sich gut vorstellen, dass es dort zu Irritationen kommt ...

Und ich vermute, dass es das ist, was dann vielerorts „Hohlkreuz" genannt wird, aber im Grunde kein eigentliches Hohlkreuz mehr, sondern vielmehr ein „verändertes Hohlkreuz" ist ...

Tschulgung
= Meeting 16⁰⁰ =
Telko

Schlüsseltag 11
Die Folgen unserer ventral gespannten Gesellschaft

Ich bin so glücklich. Es hat sich nämlich nach unzähligen Stängel-Längen-Soll-Beobachtungstagen herausgestellt, dass die Selbsthilfee eine richtige Kämpferin ist. Das baut mich richtig auf und erfüllt mich mit Zuversicht. Mhmhmm ... Zuversicht ... was für ein schönes Wort!!! Ich hatte es schon fast aus meinem Sprachgebrauch verbannt, dabei zaubert es ein wirklich warmes Gefühl herbei ... ein Gefühl mit so viel Licht.

Rückschläge?! Doch, doch, klar! Rückschläge gibt es, ja! Jedoch schaffen sie es nicht, mich langfristig zu entmutigen. Für den Moment natürlich schon ... wenn ich zum Beispiel mal wieder heimgesucht werde von so einem widerlichen Gewebeklumpen am höchsten Punkt des Nackens, seitlich, so ein bisschen Richtung Ohr, direkt an der Schädelkante .... Kennen Sie die? Das sind so kugelige-Dinger wie kleine Murmeln, die man so richtig ertasten kann. Und wenn man draufdrückt, alter Schwede! Dann explodiert ein derart erbarmungslos fieser Schmerz, dass es gut ist, wenn keine Kettensäge in der Nähe liegt. Das sind dann immer die Momente, bei denen die Selbsthilfee für eine kurze Zeit von der Frusthexe abgelöst wird!!! Was bitte habe ich heute schon wieder gemacht, dass diese quälende Schmerzmurmel am Nacken wieder aufgetaucht ist?! Wer oder was arbeitet hier gegen mich?! Was soll das?! Ich spüre, wie die Frustenergie so langsam aufkocht und sich in Wutenergie verwandelt. Wunderbar. Darauf habe ich nur gewartet! Ich bin nämlich die Urmutter einer völlig neuen Sportart, dem Extrem-Umlenking*. Denn Leute! Energie ist Energie ... und wenn sie da ist, ist sie da. Ich habe mir längst angewöhnt, sie mit offenen Armen zu empfangen. Und dann ...?! Ja, dann muss sie nur noch gelenkt werden! Ich zum Beispiel lenke immer gerne die Energie der Wut um und verwandle sie kurzerhand in ... Interesse (!). Und mit dieser extrem starken Ex-Wutenergie, die mir ja nun idealerweise als Interessenenergie zur Verfügung steht, beginne ich zu forschen: „WAS oder WER hat Öl in mein Schmerzfeuer gegossen, so dass es wieder derart entfacht ist?" Und ich forsche so lange, bis ich es herausgefunden habe. Denn Feinde, die man nicht kennt, kann man nicht bekämpfen. Aber ich will sie bekämpfen. Bekämpfen und ausmerzen, ausrotten.

ENERGIE ist ENERGIE !!! ... und wenn sie DA ist, dann ist sie DA !!!

* Extrem Umlenking – von Regine Trat – Erstmals erschienen in ihrem Buch: „Erwähnenswert – Die Gewohnheit ist der natürliche Feind der Begeisterung" – Das etwas andere Fachbuch für Führungskräfte.

Witzigerweise ist das, was dann passiert, meistens recht simpel, und ich bin immer wieder von den Socken, wie leicht ich sie dann letztlich finde, die Angriffsflächen, die ich dem Schrumpf im Laufe des Tages so geboten habe. Stundenlanges Sitzen am Computer etwa, Versuche, Aufgaben zu bewältigen, die mich innerlich extrem anspannen ... vom Zeitdruck mal ganz abgesehen! Oder gar die vermeintlich kurze, aber dann doch nicht enden wollende und meist völlig verkrampfte Einfingertipperei, endlose „nur-mal-kurz-nur-mal-schnell-hab's-eh-gleich" Nachrichten für meine sämtlichen Freunde in die Miniatur-Tastatur vom Handy.

Dann vielleicht noch ein kurzes „Recherchieren" am Tablet (andere würden es im Internet surfen nennen ...) und dann das abschließende Lesen meines aktuellen Lieblingsbuchs auf dem Sofa, um endlich mal zu entspannen. Blöd nur, dass ich, aus Faulheit die richtige zu holen, die falsche Lesebrille auf der Nase trage, so dass ich das Buch minutenlang in einer völlig unorthodoxen Haltung der Arme auf halber Höhe vor meinen Augen balanciere ...

Könnte es gegebenenfalls sein, dass einer dieser „körperlichen Fauxpas" Schuld daran ist, dass mein Nacken wieder in den Streik getreten ist? (!) Und dann wundere ich mich über die Schmerzmurmel in unmittelbarer Nähe der Schädelkante? Ähhhh, geht's noch? Würde ich mich über den blauen Fleck am Schienbein wundern, wenn ich den ganzen Tag damit verbracht hätte, mir mit einem Baseballschläger auf eben diesen draufzuschlagen?

So eine Analyse ist schon was Feines! Finden Sie nicht auch? Sie öffnet die Augen und verschafft Orientierung. Das löst zwar noch lange nicht das Problem, aber irgendwie annulliert sie das Frustgefühl. Denn Frust kommt, zumindest bei mir, immer dann auf, wenn ich etwas versuche, versuche und wieder versuche, es aber trotzdem nicht klappt und ich ums Verrecken NICHT verstehe warum?!!! Aber wenn ich dank einer Analyse die möglichen Gründe gefunden habe ... dann weiß ich ja, warum es vielleicht nicht geklappt hat.

Mit den entdeckten Ursachen baue ich dann einen fein gestapelten Scheiterhaufen und setze die Frusthexe oben drauf. Als Zündholz dient mir die Gewissheit, dass ich es in Zukunft nicht mehr so weit kommen lassen werde. Denn nächstes Mal wird sie da sein, meine weltbeste Selbsthilfee. In Sekundenschnelle wird sie an meiner Seite stehen, wenn ich am Computer sitze, ein Buch lese oder wenn ich mal wieder im Begriff bin, das mobile Telefon zur mobilen Tastatur zu degradieren, grad als wäre ich stumm oder als könne ich mich nur noch per Morse verständigen. Im Keim werden wir sie ersticken, die Schrumpfangriffe!

Aber leicht macht sie es uns nicht ... unsere Lebensart!
Es ist nun mal so, dass wir in einer völlig **ventral gespannten Gesellschaft** leben. Alles, nahezu alles, was wir heutzutage so machen, passiert irgendwie „vorne"... und zwar nicht nur mal für eine kurze Zeit, sondern stun/den/lang! ta/ge/lang! wo/chen/lang! ... und/so/weiter/lang.

Der Schrumpf, der freut sich darüber, das ist soweit klar! Aber nicht nur er! Sämtliche Muskeln, Sehnen, Bänder, Faszien usw., die wir bauchwärts so haben (und das sind jede Menge), seien diese oberflächlich oder tiefliegend, verkümmern auf der ganzen Linie. **Spanngurt-ähnliche Kräfte ziehen Knochen in Regionen, in die sie nicht gehören.** Bindegewebe verfilzt wie langes Haar, das man nicht bürstet, weil wir es so selten bewegen. Muskeln verlieren ihre Länge, bis sie irgendwann mal völlig verlernen loszulassen. In Summe ernten wir eine veränderte Körperhaltung, die mit der Ursprungshaltung nur noch wenig zu tun hat.

Schild: NEIN ZUR MODERNEN VENTRAL-VERKRÜPPELUNG!

Ich persönlich sehe darin die moderne Verkrüppelung. Wir sind „ventrale Krüppel" sozusagen. Und ja, ich weiß, dass das harte Worte sind. Aber es gibt einfach Dinge, die man nicht schönreden kann oder auch nicht schönreden sollte. Insbesondere dann nicht, wenn Schmerzpatienten das Tal der Seltenheit längst verlassen haben! Nicht wir sind krank. Unsere Lebensart ist es!

Wir **sitzen** im Auto, im Kino, auf dem Fahrrad, im Büro, haben jahrelang **gesessen** ... in der Schule, Berufsschule oder Uni. Zu Hause, in der Früh **sitzen** wir vor unserer Kaffeetasse, schauen Löcher in die Luft und schlabbern ein extra veganes Müsli, und am Abend **setzen** wir uns hin, um uns von dem anstrengenden „Sitztag" zu erholen. Mit Freunden beim Kaffeetrinken **setzen** wir uns an den schönen großen Esstisch, der total fair und aus dem Holz glücklicher Kastanienbäume zusammengebaut wurde, und abends treffen wir uns auf 'n Bierchen mit den Kumpels und **setzen** uns an die Theke, außer natürlich wir bleiben daheim und **setzen** uns mit dem Tablet auf dem Schoß vor den Fernseher. Wenn wir beim Handball der Tochter zuschauen, dann **setzen** wir uns auf die Tribüne und schielen angewidert (aber unbemerkt) zu den tobenden Sitznachbarn rüber, und wenn wir die Verwandten im Krankenhaus besuchen, **setzen** wir uns in den Bus (den wir zum Glück NICHT verpasst haben … und deswegen nicht „zu Fuß GEHEN mussten"!!! Puh! Was für ein Glück … das hätte Bewegung bedeutet!!! Uarg!!!). Inspiriert vom kränklich-süßlichen Geruch der Flure fragen wir uns, wieso der Verwandte und nicht wir selbst in diesem Krankenbett liegen, wo man doch eine ganze Armee diverser Schmerzen im Körper beherbergt. Und deswegen **setzen** wir uns gleich am nächsten Tag auf das Fahrrad und fahren zum Arzt. Dort **setzen** wir uns in das Wartezimmer und legen uns schon mal die Worte zurecht, mit denen wir unsere Schmerzgeschichte gleich zusammenfassen werden, wenn wir im Behandlungszimmer sitzen.

Wir sitzen. Wir sind Vielsitzer. Setzen! Sechs!
Klar, dass Lieder wie „I'm Walking" völlig aus der Mode gekommen sind. Und überhaupt … wieso heißen diese Räume eigentlich Wartezimmer? Sollten wir sie nicht lieber „Sitzzimmer" nennen?! Und warum heißen Klassenräume Klassenräume, wenn „Sitzräume" doch viel treffender wäre?! Oder Autos, wieso Autos?! Das sind doch „Sitzfahrzeuge" oder etwa nicht?!

Das würde dann wenigstens mal die Dimension verdeutlichen, in der wir längst leben. Allein so simple Fragen wie: *„Und Fabian, wieviel Stunden hast du heute im Sitzzimmer verbracht?"* oder *„Was hast du für ein Sitzfahrzeug, einen Diesel oder einen Benziner?"* würden doch den Charakter unserer Small Talks in eine völlig neue Richtung bewegen? Man stelle sich ein Kind vor, das mit stolz geschwelter Brust ruft: *„Mami Mami! Stell dir vor, ich habe heute 6 Stunden im Sitzraum verbracht!"*. Also spannend, im Sinne von „huuu spannend!!!", hört sich das nicht wirklich an, oder?! Zumal die Reaktion der Mutter mit Sicherheit folgende wäre: *„Setz dich hin, gleich gibt es Essen …"*. Ist dieses dann „gesessen gegessen", dann wird er in sein Zimmer gehen und sich erneut hinsetzen, um die Hausaufgaben (warum eigentlich nicht „Sitzaufgaben"?) zu machen.

Und wenn wir nicht irgendwo sitzen, dann buckeln wir hier und da schon mal ganz gerne und machen einen auf „ja mach ich, ja natürlich, ja sowieso". Oder wir rennen in zusammengekauerter Sprinter-Haltung … und machen einen auf „sofort, bin sofort fertig, eine Sekunde noch. Ich hab's gleich" .Oder wir rollen uns ein, machen uns ein klein bisschen kleiner, um möglichst unauffällig mit zu schwimmen im Strom des Alltags. Und manchmal kämpfen wir uns durch den Arbeitsalltag unserer Leistungsgesellschaft, in schön ventral geschrumpfter Boxer-Pose, versteht sich …

Herzlichen Glückwunsch! Wir haben es echt weit gebracht! Yes indeed? I'm walking ... yes indeed ... Ach, was waren das noch Zeiten!!!

Wen wundert es noch, dass bei einem derart ungleichen Wettkampf, nämlich einem irrwitzigen Tauziehen, bei dem nur an einer Seite aktiv gezogen wird, der Verlierer von Beginn an feststeht?!

Das Motto lautet:
„Vorne wird wie blöd gezogen. Hinten wird versucht dagegen zu halten"

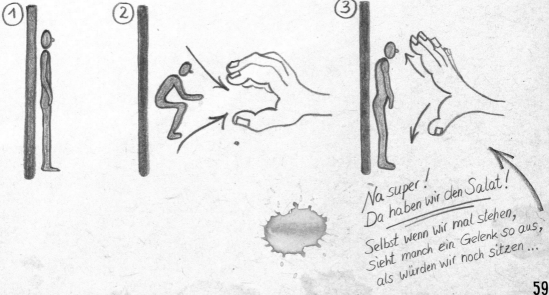

Wann bitte, ziehen wir mal hinten?

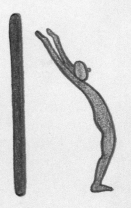

Wenn du bei einem Kartenturm die Karten der vorderen Seite alle einzeln und behutsam abbaust, dann jede einzelne um ein paar Millimeter kürzen und sie dann wieder an ihren Ursprungplatz aufstellen würdest ... was würde wohl passieren?! Die Statik wäre eine völlig andere als vorher, und vermutlich hättest du nun die Nachempfindung vom Schiefen Turm von Pisa vor Augen.

So einem Körper ergeht es nicht anders ... Außer, dass wir keine Schere ansetzen, um die Statik zu verändern, sondern unsere Lebensgewohnheiten.

* Vorne wird gezogen, verkürzt, „verkümmert" und verfilzt.

* Hinten wird überdehnt, überfordert, „zugemacht" und verspannt.

Anmerkung der Autorin

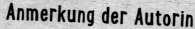

Immer wieder werde ich gefragt „Was muss ich beachten, um korrekt zu sitzen?" Meine Antwort darauf lautet zunächst immer: „Nicht zu sitzen", denn ein „korrektes Sitzen" gibt es meiner Meinung nach genauso wenig wie ein „korrektes Fressen".

Beides kann beides sein für unseren Körper: gut und nicht gut. Das wird letztlich davon abhängen, wie häufig oder wie lange wir das machen.

Oft lautet die Frage aber auch: „Wie geht rückengerechtes Sitzen?" Gar nicht! Sitzen ist nicht rückengerecht, ganz egal, ob du dabei ein Kleid trägst, an die Nudelsuppe denkst, die du gestern Abend gegessen hast oder ob du dich auf einen Holzklotz setzt, um unterm Hintern die Natur zu spüren. Die Krux ist nicht das „wie wir sitzen", sondern das „dass wir sitzen! Vor allem, dass wir viel zu viel und viel zu lange sitzen"! Nur das ist letztendlich das Problem.

Aber in unserer Gesellschaft müssen wir viel und lange sitzen. Das ist mir schon klar. Deswegen ist meine zweite Antwort dann immer: „Achte auf die Stängel-Länge von deinem Brustkorbpfeil, dann bleibt wenigstes dein Kopf auf dem Körper. Vor allem, stehe so häufig auf wie du nur kannst, hau den Knigge in die Tonne und strecke dich wie ein Tier!!! Und wenn du deinem Nacken mal eine Pause gönnen möchtest, dann hau den Knigge wieder in die Tonne und stütz dich ab, am besten in „Denkerpose", d.h. mit den Händen an der Stirn!"

Mehr zum Thema Sitzen habe ich im Schlüsseltag: „Mit der Fee auf dem Rad und im Büro" beleuchtet.

Schlüsseltag 12
Gleichberechtigung & Wiederbelegung

Es ist ein wenig so, als **hätten wir unserem Leben das Leben genommen, denn im Sitzen zu leben kann doch niemals so lebendig sein wie ein Leben in Bewegung?** Und überhaupt, warum haben wir irgendwann aufgehört auf Bäume zu klettern und auf Spielplätze zu gehen? Was war falsch daran? Eigentlich gar nichts, oder? Außer vielleicht, dass man beim Erwachsenwerden das Gefühl bekommt, dass man keinen „Profit" schlägt aus so einem vermeintlich „sinnlosen Rumgeschaukel", und dass man daher seine Zeit lieber damit verbringt, sich in ein Büro zu setzen, weil man das Gefühl hat, seine Zeit damit besser „investiert" zu haben?! Ja, aber ist das nicht ein Riesenirrtum? Seltsam, seltsam das Ganze ...

Oder ist es uns plötzlich peinlich? Aber warum? Was ist am Rutsche runterrutschen, am Balancieren oder am Wühlen im Sand peinlich? Nichts! Gar nichts! Außer unsere Einstellung. Die ist echt peinlich, weil sie so dumm ist! Stattdessen ziehen wir es vor, ein unbewegtes Leben im Sitzen zu verbringen.

Ich habe es satt und werde das ändern! Ich will Gleichberechtigung! Wenn es Spielplätze für Kinder gibt, dann will ich auch, dass es Spielplätze für Erwachsene gibt!!! **Wir müssen unser Leben wiederbeleben!!!** Lasst uns nicht darüber reden ... lasst es uns TUN! Ich fange schon mal an ...

Anmerkung der Autorin
Übrigens! „Der Wald" Rücken- & Gelenkzentrum, das ist mein kleines Studio in Eching (im Norden von München), ist so ein „Spielplatz für Erwachsene". Wenn Sie mal in der Nähe sind, dann kommen Sie doch einfach mal auf ein Spielchen vorbei! www.der-wald.net

Der **Wald** Rücken- & Gelenkzentrum

Schlüsseltag 13
Neulich am Flughafen

Ich bin schon derart Stängel, Brustkorbpfeil, Selbsthilfee, Absack-Modus, Knödel mit Vorkopf und Schrumpf konditioniert, dass ich schon gar nirgendwo mehr stehen kann ohne zu schauen, wer von meinen Mitmenschen grade einen Schrumpfbefall erleidet. Und so auch letztens am Flughafen.

Beim Gate angekommen dachte ich mir „am besten schon mal anstellen". Ich hatte nämlich keine Lust darauf, mit beiden Knien auf Kinnhöhe zu fliegen, nur weil heutzutage alle mit „ich-habe-nur-Handgepäck" reisen, das sie aber dann irgendwie doch in ganz normalen „Koffern" transportieren, und ich deswegen mangels Alternative den eh schon kargen Fußraum mit meinem Laptopkoffer befüllen muss. Offensichtlich war ich aber mit dieser Idee nicht alleine ... Und so kam es dann, dass ich plötzlich regelrecht umzingelt war von Menschen. Geduldig wie Lämmer warteten wir ... im Stehen. (Im STEHEN!? Echt?! Nicht im Sitzen!?? Oh, wow! Krass! Dann waren wir ja eine richtige Sportlertruppe und stürzten uns somit todesmutig ins „Extrem-Stehing"). Warteten weiter, immer weiter. Mantel ausziehen? Ja, unbedingt! Mir ist schon so dreckswarm! Mantel hängt nun am Arm. Weiter warten. So langsam brutzelt mir der Arm ab, dieser dämliche Mantel! Armwechsel. Mann, Mädel!, mach hinne ... Was dauert denn da so lang? Puh, ich kann nicht mehr. Boah schau mal den da an ... Leckomio, hat der einen Buckel. Oh, der daneben ja auch!? Und die eine da hinten? Hm ... bei der geht es eigentlich ...

„Mann! Ich hätte grad richtig Lust rumzugehen und Aufkleber zu verteilen ... so eine Art Abzeichen wie das vom Freischwimmer. Es wäre dann halt der „Freisteher" schoss es mir auf einmal durch den Kopf.

„Die Menschen mit Vorkopf und kurzem Stängel be-
kommen ein Schrumpfsiegel auf die Schulter geklebt
und all jene mit Kopf auf dem Körper bekommen
den Selbsthilfee-Freisteher-Orden! Das wäre ein
Abenteuer! Einfach hingehen, Aufkleber drauf
und weiter. Kommentarlos. Wie die Leute wohl
schauen würden? Ob mir da einer wohl intuitiv
eine reinhauen würde? Mann, wie schade! Wenn
ich jetzt solche Aufkleber hätte!"

Nachdem Sie grade dieses Kapitel lesen, woraus ich schließe, dass Sie das Buch noch nicht in die Ecke geworfen haben, gehe ich nun auch davon aus, dass wir zwei eine ähnliche Wellenlänge haben!?

Also ... wenn Sie soeben beim Lesen dieser spannenden „Pickerl-Idee" gedacht haben „Oh ja cool! Das wäre in der Tat mal interessant sowas auszuprobieren" . Hey! Dann nutzen Sie die Gunst der Stunde und ziehen Sie los! Und damit so lebensbejahende, aufgeschlossene und mutige Menschen wie Sie auch alles haben, was Sie dafür benötigen, holen Sie sich die netten Aufkleber, die ich in meiner Webpage anbiete.

Man muss es ja beim ersten Mal vielleicht nicht gleich mit völlig Fremden machen. Ein Fußballstadium würde ich zum Beispiel als eher sub-optimal einstufen. Aber vielleicht im Kreise der Kollegen? Unter dem Motto: „So macht man sich beliebt". Oder vielleicht freut sich ja auch Ihr Chef über ein so praktisch orientierendes Pickerl an der Schulter?!

Egal, ob bei Fremden, Freunden, Kollegen oder Verwandten ... Eines steht fest:
All jene, die den Selbsthilfee-Freisteher-Orden auf die Schulter bekommen, werden sich vermutlich freuen. Der Schrumpf-Siegel könnte hingegen als Beleidigung, Mobbing oder seelische Verletzung gedeutet werden.

Was auch immer Sie damit machen. Ich habe damit nichts zu tun! ☺

Schlüsseltag 14
Madrid, Rom, Hongkong … der Kopf sitzt!
3 in 1 ist kein Haarspray,
sondern ein Lebensgefühl!

Seit ein paar Monaten kämpfe ich nun schon täglich gegen Schrumpf-befall. Und ich muss sagen, dass ich bereits jetzt schon ein völlig neues Körpergefühl habe!

Wenn ich den Schrumpf besiege, dann kommt mein Kopf zurück nach Hause. Der Nacken muss ihn nicht mehr festhalten, was sich wiederum positiv auf seinen früher chronisch verspannten Zustand auswirkt.

Läuft bei mir ☺

Die Schmerzen habe ich im Griff, die Nächte werden zunehmend mit Schlaf gefüllt und die Bauchmuskulatur macht ihren Job täglich ein biss-chen besser. Mittlerweile ist es sogar so, dass ich völlig normal atmen und reden kann, obgleich ich mit angespannter Bauchmuskulatur den Brustkorb vor dem sicheren Absacktod rette.

Ich weiß zwar, dass es noch immer ein langer Weg ist, der vor mir liegt, aber ich habe ein irre gutes Gefühl.

Und dann plötzlich … eines morgens im Bad … stehe ich da so vor mich hin (ziemlich leicht bekleidet) seitlich zum Spiegel und spiele mit meinem Brustkorb (bitte jetzt nicht falsch verstehen … Ich habe ihn nur fröhlich auf und abgesenkt, ein- und ausgeatmet und mich daran erfreut, wie sich dadurch jedes Mal meine Ausstrahlung von „super gut drauf" bis hin zu „allem Leid dieser Welt", veränderte), als ich eine erstaunlich char-mante Entdeckung machte! Wenn ich den Brustkorb oben halte, dann passieren drei Dinge ganz von alleine:

Ich bin (locker zwei Zentimeter) größer als mit Absacker
Ich sehe wesentlich schlanker aus (Plauzine, die kleine nette Plauze, die sich sonst ihr Plätzchen unter dem Brustkorb gönnt, wird einfach lang gezogen) und ich wirke jünger!!! Irgendwie lebensbejahender, dynamischer ... und das nicht nur, wenn ich stehe, sondern auch wenn ich gehe! ... das leicht depressiv angehauchte Daher-Schlürfen ist irgendwie weg und zwar ohne, dass es künstlich aussieht!

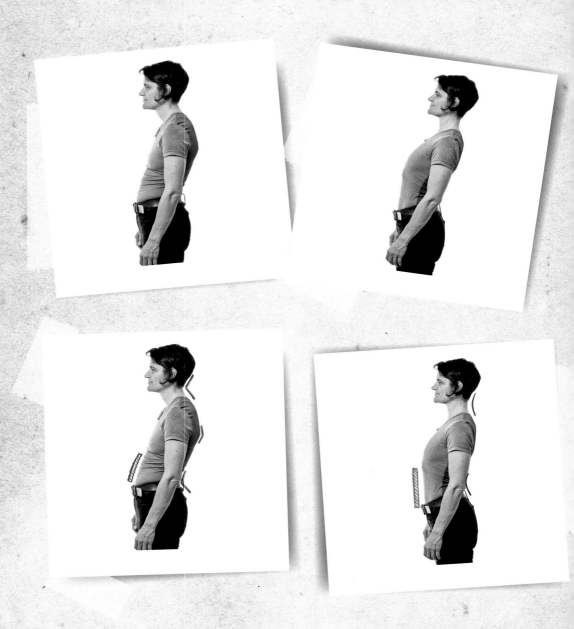

Also seien wir mal ehrlich, die Bezeichnung „Knödel mir Vorkopf" passt doch wirklich hervorragend zum Foto links ... finden Sie nicht? Ich wusste gar nicht, wie dick ich aussehen kann!

Also, die Sache ist sonnenklar! Wenn ich den Schrumpf besiege, dann bin ich nicht nur frei vom ewigen Nackenstress, ich stehe da wie ein wahrer Siegertyp ... und zudem ordentlich bekopft, sondern ich wirke auf einen Schlag **größer, schlanker und jünger!?** Ok, das ist ein Deal! Die Sache beginnt mir Spaß zu machen... ☺

Prompt fallen mir die Bilder von Herrn Dauerleid in die Hände (die ich mal aus reiner Neugier gemalt hatte und in diesem Buch nun für das Vorwort verwendet habe) und stelle mir die Frage: **Wenn ich die Wahl hätte** zwischen dem schrumpfbefallenen und dem nicht-schrumpfbefallenen Herrn Dauerleid ... Hand auf's Herz, welchen würdest du wählen?!! (Und Achtung! Hier geht es mal nicht um den Knuffigkeitsfaktor und auch nicht um deine angeborene weibliche „der-ist-aber-so-süß-Mitleids-meinung")!

Na? Haben Sie ein Vermutung, auf wen meine Wahl fiel?! Klar ... oder?!

Die Quintessenz daraus war aber schlussendlich die Erkenntnis, dass dieses neckische „Wenn-Spiel" gar kein „Wenn-Spiel" war, sondern es die durchaus realisierbare Realität wiederspiegelte. Denn **ich habe in der Tat die Wahl!!!** Nein, nein, nicht für Herrn Dauerleid! Mit dem habe ich ja nichts am Hut (außer vielleicht, dass ich ihn mit Bleistift geschaffen habe). Aber für mich selbst habe ich sehr wohl die Wahl! Oder etwa nicht? Doch, doch ... ich habe die freie Wahl. **Wer sollte sich mir (und vor allem warum?!) in den Weg stellen?! Höchstens ich mir selbst.** Denn ja! Ist schon klar! ... ich darf es wirklich frei wählen. Es bleibt nur die Frage, ob ich das auch – langfristig – kann!? Denn wollen tu ich ... allein schon wegen dieser drei so ultraverlockenden Vorteile!!!

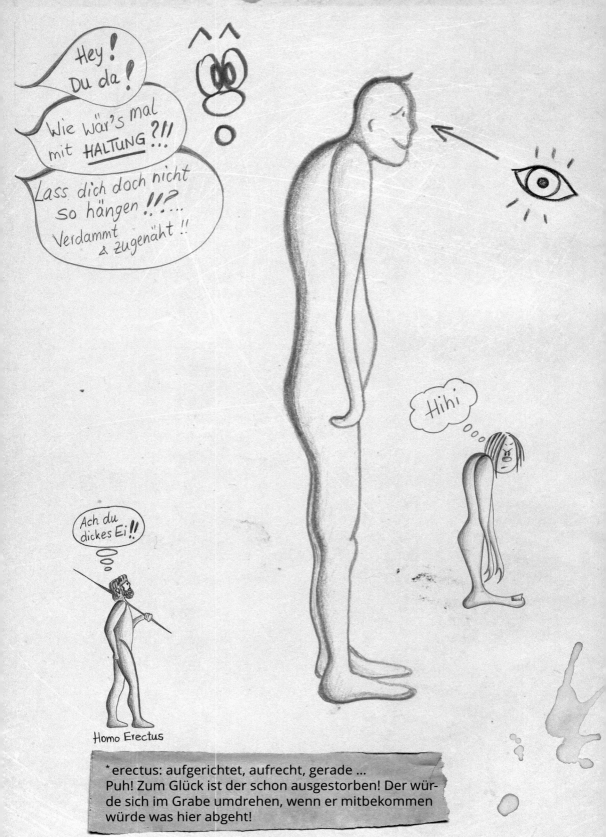

Die schnellste Abnehmkur der Welt !!! °°°

SCHLANK durch HALTUNG

Hui!

"HALTE dich schlank !"

Also ... der sieht doch in der Tat jünger, größer und schlanker aus ?! Oder etwa nicht ?!

Was für eine Augenweide!!!
Und wer macht's möglich?!
Die Brustkorbpfeile der Selbsthilfee!
Boah! Jetzt bin ich ein echter Fan von dieser magischen Super-Fee und ihren Super-Kräften

// Ich kann Ihnen aber versichern, daß beide exakt übereinstimmend gezeichnet wurden ... //

Anmerkung der Autorin

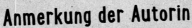

Mittlerweile bin ich vielzählige Male, gemeinsam mit meinen Kunden, in die Welt des Brustkorbpfeils eingedrungen, was immer extrem spannend ist!!! Und dann stehen sie da in einer phantastischen aufrechten Haltung! Eine richtige Augenweide! Witzigerweise kommt dann sehr häufig der Kommentar, dass sich das nun „falsch anfühlen würde".

Krass oder?! Sind wir schon so weit, dass sich die eigentliche richtige aufrechte Haltung falsch, und dafür die eigentlich falsche und im Grunde genommen völlig degenerierte Schrumpfhaltung richtig anfühlt?!

Ich finde, dass es höchste Zeit ist, zu reagieren!?

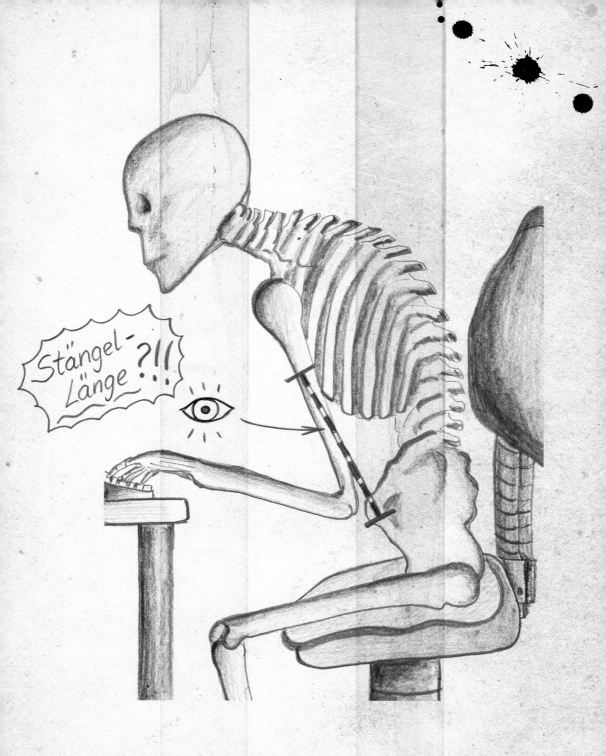

Wir blicken nach vorne, und hinten meldet sich die „Prominenz" (das ist der etwas nettere Ausdruck für Witwenbuckel). Die Kopf-Festhaltung wird gesponsert vom Nacken, und am Abend wundern wir uns dann über die dort ansässigen Verspannungen.

Mit der Fee im Büro?! Hot und nackenfreundlich, was will man mehr!?

Und auf dem Rad? Das, ihr Lieben, war meine wohl wertvollste Erkenntnis! Denn ich fahre unfassbar gerne Mountainbike, und insbesondere die
langen Touren über Stock und Stein habe ich schon immer besonders geliebt. Weniger geliebt habe ich jedoch die Rechnung, die ich dann immer
am Abend bekam. Klar, wenn man stundenlang so auf dem Rad sitzt:

Klar, dass der Nacken abends tobt! Und dann ... trara, denke ich mir, „hey, was beim Gehen funktioniert UND im Büro ... MÜSSTE auf dem Fahrrad doch auch funktionieren?!" Ausprobiert, Bombe!

Ja, stimmt ... da sieht man auch „hot" aus. So sitze ich natürlich nicht die ganze Tour über ... Schließlich fahren wir Berge rauf und runter ... da fahre ich zeitweise natürlich mit „kurzem Stängel" und „Brustkorb- Absacker", wäre anders ja auch gar nicht machbar. ABER ... die *Sexy-Hexie*-Lang-Stängel-Position, die wähle ich bei nahezu jeder Geradeausstrecke. Das scheint völlig zu reichen, denn eine Rechnung am Abend bekomme

ich (zumindest vom Nacken) keine mehr! Und das ist deswegen so wertvoll für mich, weil ich schon ernsthaft glaubte, die Mountainbike Aktivität aufgeben zu müssen. Denn was bringt mir das, tagsüber eine super schöne Tour gefahren zu sein, wenn ich dann abends bitter dafür bezahle. Aber wie gesagt, das ist Schnee von gestern und deswegen für mich ein Riesenzugewinn meiner Lebensqualität.

Probieren Sie es einfach aus. Es ist göttlich!

Schlüsseltag 16
Die Schulterblatt-Kratz-Challenge

Sag mal ... kann das sein, dass der Schrumpf, diese linke Bazille, sich nun auch die Beweglichkeit meiner Schultern unter den Nagel gerissen hat?! Da hat mich doch letztens so eine fiese Mücke direkt auf das linke Schulterblatt gestochen (im Grunde ein typisches Sommerproblem der Bauchschläfer ...). Und dann?!!! Ich bin fassungslos! Deprimiert! Am Boden zerstört! Man stelle sich vor ... da bringe ich meinen rechten Arm - in gewohnt lässiger Art versteht sich - in die Kratz-Angriff-Position, da schießt mir von einer Sekunde auf die andere ein derart stechender Schmerz mitten in das Schultergelenk, dass mir auf dem Schlag jeder Juckreiz genauso belanglos erscheint wie der allbekannte Sack voller Reis, der in China (oder war das Thailand? Marokko? Ach egal ...) um-kippt! Es war auf jeden Fall nicht nett. Ich bekam sozusagen ein nicht bestelltes Überraschungsei! Mit Schmerz, Spannung und ... Schokolade (?!) Nein, nicht ganz, Schokolade war keine dabei ... Im Schmerz- und Spannungsgefühl hingegen konnte ich direkt baden! Genau genommen spürte ich, wie die Hand einer Hexe, im selben Moment der Bewegung (!), meinen Schulterkopf umfasste und ihre spitzen Finger, samt ihrer meterlangen pinkbemalten Fingernägel, ganz tief in mein Schulterfleisch bohrte. Und was war das Schlimmste ...?
Ich hörte ganz deutlich, wie sie dabei wiehernd lachte!

Sorry! aber da hab' ich grad kein Bock drauf!

„Ach nö! Ich will keine Schulterschmerzen haben! Echt nicht!
Da lege ich einfach keinen Wert drauf! Mein Soll an Wehwehchen habe ich doch längst erfüllt?! Schnapp dir doch jemand anders, du blöder Schmerz!
Die Deutschlehrerin meiner Tochter zum Beispiel!? Ich habe schon genug, danke!".

Doch zum weiteren Lamentieren bleibt wenig Zeit, denn nun meldet sich mein Ursprungsanlass wieder zu Wort. Ach ja… da war doch dieser Mückenstich. Den wollte ich ja mittels Kratzen etwas lindern. Ja, das wollte ich. Spürte auch die dazu passenden Gelüste in mir … denn so ein gediegenes Kratzen eines so einladend bergig herausstechenden Mückenstichs ist wirklich etwas ganz Feines! Aber … Hm, wie komme ich da hin?!

Ich hatte ja mit vielen Problemen gerechnet, die im Alter so auf mich zukommen würden … eine unbemerkt heranschleichende, zunächst leicht wirkende Form der Vereinsamung mit einer darauffolgenden tiefen Depression zum Beispiel. Oder die kompakte Ladung Altersarmut, die auf mich genauso sicher zusteuert wie ein leicht seniler, aber total liebeshungriger älterer Herr auf eine fröhlich lachende Blondine, die vermutlich genauso wenig Interesse an diesem unerwarteten Herrenbesuch hat wie ich an einer mich heimsuchende Altersarmut (nur, dass ich nicht blond, aber immerhin fröhlich bin … oder war …?!!!). Aber, dass sich nun auch Mückenstiche und im Übrigen auch das „Hineinschlüpfen" in enge Blusen oder sogar das Öffnen der (eigenen) BH Verschlüsse (!?) in die Riege dieser Probleme einreihen würden, konnte wirklich keiner ahnen!

Aber warum ist das nun plötzlich so doof mit meinen Schultern?! Wahrscheinlich ist auch das noch immer die Folge meiner langen Vergangenheit als Schrumpfopfer. Zu lange musste der arme Nacken den abhauenden Kopf festhalten. Das muss er heutzutage, dank der lieben Selbsthilfee und ihrem wunderbaren Brustkorbpfeil zwar nicht mehr so häufig … aber eingeschnappt ist er wohl immer noch, der liebe Nacken. Ein ziemlich nachtragender Kerl, wenn ihr mich fragt. Aber was soll's. Er scheint derart derbe UN-entspannt zu sein, dass er meine halben Schulterblätter festhält.

Aber wieso sollte grade die Beweglichkeit der Schulter-Blätter etwas mit der soeben entdeckten Einschränkung der Schultern zu tun haben? Das muss ich mir mal genauer anschauen … Ups! … jede Menge, wie ich sehe!!!

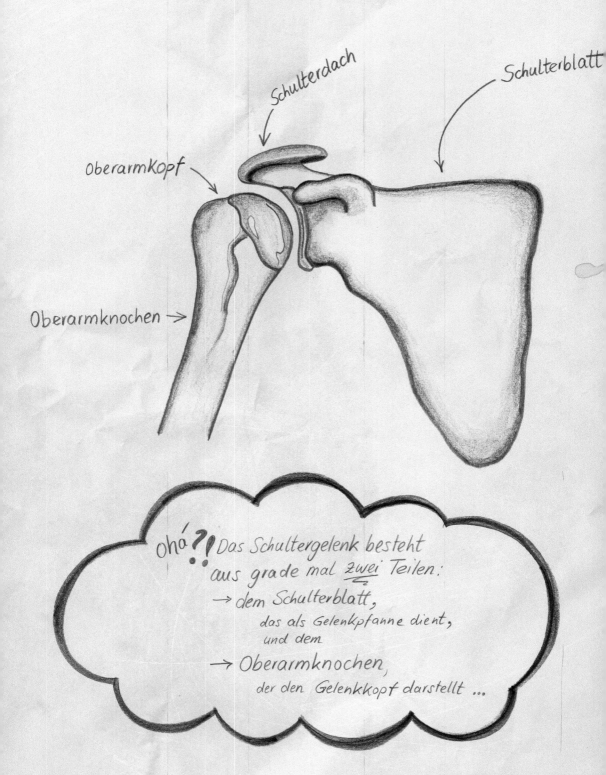

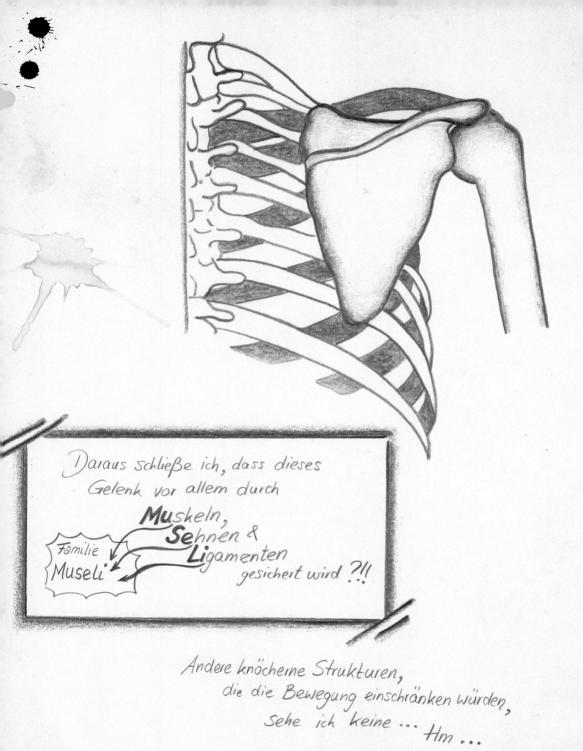

Daraus schließe ich, dass dieses
Gelenk vor allem durch

Muskeln,
Sehnen &
Ligamenten
gesichert wird ?!!

Familie
Museli

Andere knöcherne Strukturen,
die die Bewegung einschränken würden,
sehe ich keine ... Hm ...

Das Schulterblatt ist also nicht nur im „kausalen Zusammenhang" mit
dem Schultergelenk, sondern **IST im Grunde genommen DAS Gelenk!!!**
Zumindest die Hälfte von ebendiesen!

Wenn die **„Familie Museli"** (bestehend aus Muskeln, Sehnen und diversen Ligamenten) es „will", dann kann das Schultergelenk wohl ein in alle denkbaren Richtungen extrem bewegliches Gelenk sein! Wenn sie es alle wollen! Meine „Muselis" scheinen aber nicht zu wollen?! Aber warum nicht? Tja! weil offensichtlich nicht nur der Nacken, sondern auch alle restlichen beteiligten Mitglieder des Museli-Clans eingeschnappt sind! Sauer und verfilzt und daher in einer ständig angespannten Verfassung. Genau wie ich!? ... mit diesem ewigen Stress und dem ständigen Sitzen. **Wie mir scheint, ist es jedoch extrem wichtig, dass sich das Schulterblatt frei bewegen kann**, da sich ja nur so das Schulter-Dach, wie bei einem Cabrio, öffnen lässt. Auf diese Weise käme der Oberarm-Kopf dann auch ohne Reibung durch dieses Nadelöhr!? Wenn es hingegen aber nicht aufgeht, das Dach ... dann stößt sich der arme Oberarm jedes Mal den Kopf, wenn ich meinen Arm hebe. Ist doch klar, dass ihm das auf Dauer nicht gefällt und er es mir dann per Schmerz-Telegramm mitteilt!

Der Museli-Clan ist also der Bestimmer!

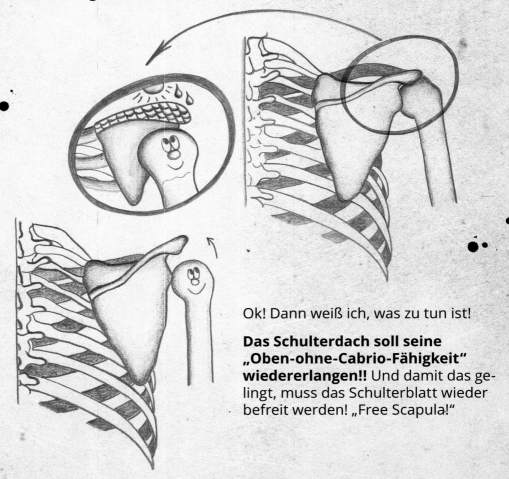

Ok! Dann weiß ich, was zu tun ist!

Das Schulterdach soll seine „Oben-ohne-Cabrio-Fähigkeit" wiedererlangen!! Und damit das gelingt, muss das Schulterblatt wieder befreit werden! „Free Scapula!"

Es kann doch nicht sein, dass meine Scapula (lat. für Schulterblatt) unter der Spannung meines stressigen Sitzlebens derart zu leiden hat, dass sie sich nicht mehr frei bewegen kann! Meine Lieben! Die „Ice-Bucket-Challenge"* war gestern! Ich stelle mich ab sofort der „Schulterblatt-Kratz-Challenge", und zwar mit dem Ziel, mich in spätestens drei Monaten mit beiden Armen an den jeweils gegenüberliegenden Schulterblättern sowohl von vorne als auch von hinten kratzen zu können.

Zumal der Zustand, dass mein Schulterdach derart festgehalten wird, so dass der Oberarmknochen nicht mehr reibungslos vorbeikommt, rein gar nichts mit meinem Alter, sondern wenn, dann nur mit meiner Nachlässigkeit zu tun hat! Und genau DAS werde ich ab sofort ändern.

*) Die *ALS Ice Bucket Challenge* war ein als Spendenkampagne gedachter kurzfristiger Hype im Sommer 2014. Sie sollte auf die Nervenkrankheit *Amyotrophe Lateralsklerose* aufmerksam machen und Spendengelder für deren Erforschung und Bekämpfung sammeln.

Und dann! Dann lege ich mich so lange auf eine Wiese, bis mich eine Mücke genau in die Mitte der Scapula sticht und genieße lauthals die Erfüllung meiner Kratztriebe. Schallend werde ich sie auslachen! Alle beide! Die Mücke und die Hexe! Denn … wer zuletzt lacht, lacht am besten! Nicht wahr?! Mückenstiche werden sich zwar auch in Zukunft nicht ganz vermeiden lassen, aber eines steht fest, die kneifende Hexe hat bei mir keine Chance mehr! Vielleicht besucht sie aus lauter Verzweiflung ja dann doch noch die Deutschlehrerin. Aber das wäre nicht weiter schlimm … ich könnte ihr ja beim nächsten Elternsprechtag dann dieses Tagebuch mitbringen!? Wobei … nein! Halt! Lieber nicht!? Das ist viel zu riskant! Am Ende gibt sie es mir mit einer Trilliarde Korrekturen an Rechtschreib- oder Ausdrucksfehlern wieder. (Schließlich hat eine Grundschullehrerin schon mal ein Entschuldigungsschreiben von mir korrigiert! Mit rotem Stift! Und meine Tochter durfte mir diese nette Retoure zu Hause dann überreichen! Ihr breites Grinsen bohrte sich ähnlich tief und schmerzhaft in mein Herz wie die Finger der Hexe in meine Schulter).

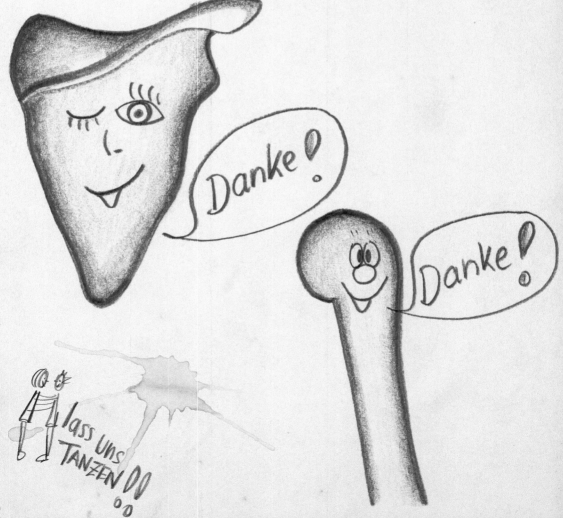

Folgende Übungen, die ich täglich machen werde, verfolgen das Ziel, die „Muselis" zu besänftigen und wieder fast so nachgiebig und geschmeidig zu machen wie sie früher einmal waren.

ZUGSCHMERZ IST EIN ALS FEIND VERKLEIDETER FREUND!!!

Anmerkung der Autorin

(!) Bei der Ausführung der folgenden Übungen habe ich festgestellt, dass folgende Dinge helfen bzw. unbedingt zu beachten sind:

Spannung halten – mindestens 30 Sekunden

Locker weiter atmen ... Nutze das Ausatmen, um „innerlich locker" zu lassen.

Bedenke: **„Dehnungsschmerz ist dein Freund und nicht dein Feind"** ... auch wenn er sich ein bisschen so anfühlt, als wolle er dir Böses ☺ Es gibt für dein Gelenk nichts Besseres, als die Spannung zu lösen! Klar, dass sich der eine oder andere kurz wehrt. Aber die Belohnung danach ist es einfach wert!

Auf die Frage, bis wohin kann man gehen? Schließlich geht es ja darum, dem Körper weder zu viel noch zu wenig abzuverlangen (denn beides wäre nicht im Sinne des Erfinders! Ein „zu viel" kann mehr Schaden anrichten als zu helfen. Und ein „zu wenig" kann so unterschwellig sein, dass man es sich auch locker sparen könnte ... Da ist guter Rat teuer. Ich persönlich bin der Meinung, dass man während der Ausführung der Übungen gut in sich hineinhorchen sollte und sich dann an folgende (wenn auch etwas „abstrakte") Aussage orientieren kann: **„Gehe in den Schmerz hinein ... aber nicht darüber hinaus!"**

Und ... Achtung! Wir dehnen und beanspruchen relativ komplexe Bereiche mit einer Unmenge an Sehnen, Muskeln, Ligamenten etc. Beende daher die Übung niemals abrupt, sondern stets langsam und kontrolliert

Und übrigens: „täglich" heißt „täglich" und nicht „fast täglich". Wieso denken Sie, dass das nur extrem disziplinierte Menschen schaffen?
Zähneputzen oder Haare bürsten klappt doch (zumindest bei den meisten) auch täglich ... oder nicht?

Meiner Erfahrung nach gibt es aber einen super Trick:
Koppeln Sie die Übungen an andere Dinge, die Sie täglich machen müssen.
„Handrücken auf Rücken" ist zum Beispiel eine Übung die ich persönlich immer an das Zähneputzen koppele ... 3 Minuten Zähne putzen ist perfekt geeignet!!! So habe ich stets 1,5 Min. für jeden Arm!!! Und die Übung: „Schlag" mache ich während der Wasserkocher das Wasser für meinen Brühkaffee zum Kochen bringt ... (Ja, ich trinke Brühkaffee und das tut mir auch sehr leid. Jetzt, wo Sie das wissen, dürfen Sie natürlich sehr gerne entscheiden, ob Sie noch weiter lesen wollen oder nicht ... Es ist halt einfach so, dass mir so eine kultige Latte am Morgen einfach viel zu umständlich ist! Obgleich mir durchaus bewusst ist, wie wenig hipp ich damit bin. Aber ich kann mir nicht helfen ... ich finde den Brühkaffe einfach so super lecker!!!)

Naja, wie auch immer. Ich bin mir sicher, dass auch Sie etwas finden werden, an das Sie die Übungen koppeln können. Wie heißt es immer so schön?: „Wo ein Wille, da ein Weg". D.h. aber auch ..."Wo kein Wille, da kein Weg". Nur Sie haben das in der Hand.

so Schön mit DIR
& mit MIR

„Handrücken auf Rücken"

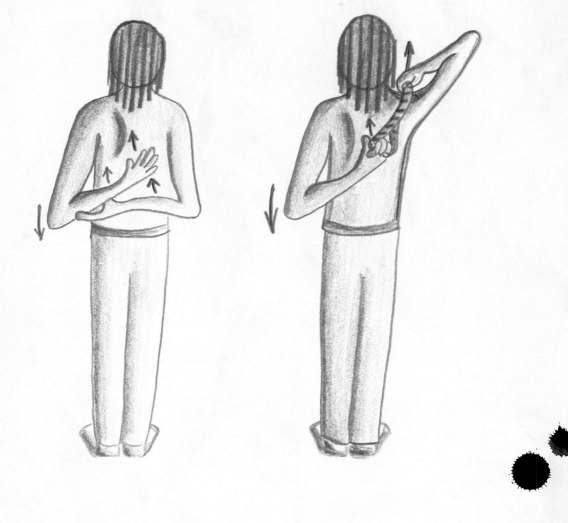

Mit oder ohne Hilfsmittel?
Zu Beginn gerne mit Hilfsmittel. Einem Gürtel ... einem Stock ....

Intensivierung —> Drehung im Handgelenk & Finger in Kratzposition
Das langfristige Ziel ist es allerdings, sich ganz OHNE Hilfe von außen am
Schulterblatt kratzen zu können!

„Schlag"

(mit dem Besenstiel bzw. Gehstock)

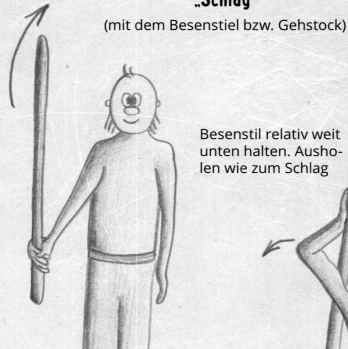

Besenstil relativ weit unten halten. Ausholen wie zum Schlag

Besenstiel, mit der gegenüberliegenden Hand, von vorne schnappen

Ellbogen der oberen Hand zieht Richtung Boden (und klemmt den Stiel sozusagen mit der hinteren Schulterkugel ein) zeitgleich fährt die untere Hand den Stiel in die Horizontale (sozusagen nach „oben").

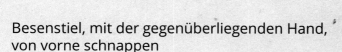

Übrigens! Auf meiner Webpage www.regine-trat.com finden Sie **Videos zu allen Übungen** von diesem Buch als Download.

Schlüsseltag 17 💕
Die persönliche Evolution

Die Evolution der Menschheit ist mir natürlich bekannt. Klar! Wer kennt sie nicht, die Bilderreihen „vom Urmenschen zum Homo sapiens sapiens" oder die entsprechende Bilderweiterung, die uns mit erhobenem Finger suggeriert, dass wir hinsichtlich unserer Körperhaltung im Begriff sind, Vollgas zu fahren, leider im Rückwärtsgang.

„Evolution und Niedergang" könnte man es betiteln, da wir mittlerweile nieder– gehen, bzw. eher -sitzen. Also ist es kein „Niedergang", sondern ein „Niedersitz". Aber ganz egal, wie man es dreht und wendet, es ist und bleibt vor allem eins: bedenklich.

Aber jedes Mal, wenn ich mir so ein Evolutionsbild anschaue, dann geschieht das immer nur mit dem Verstand. Das Herz beteiligt sich da irgendwie null, pumpt so vor sich hin wie immer, weder schneller noch langsamer. Vielleicht denke ich kurz „Oh je! Schlimm! Schlimm! Es geht so langsam den Bach runter mit uns Menschen". Und dann?! Ja, nichts! Gar nichts. Ich bring den Zeigefinger in Position, wisch fröhlich weiter (denn wenn ich über solche Bilder stolpere, dann nur abends gemütlich auf dem Sofa und dem Tablet auf dem Schoß) und das war's dann aber auch. Ich werde deswegen nichts verändern. Und warum? Weil es mich nicht persönlich anspricht. Weil es die gesamte Menschheit und Jahrtausende von Generationen darstellt. Obendrein sind es meistens Männer, die dort gezeichnet werden. Ich selbst bin kein Mann und auch nicht die Menschheit und werde vermutlich auch nur ein Leben lang leben. Daher lässt mich das Ganze kalt, obgleich es das im Grunde nicht sollte. Wären das hingegen Fotos von meiner eigenen, ganz persönlichen Evolution ... in genau so einer bildlich dargestellten Weise ... Oha! Dann würde das Herz sofort reagieren! Alles in mir käme in Wallung und die Emotionen würden sofort explodieren. Und warum? Weil ich mich sofort damit identifizieren könnte.

Wenn ich mit meinen eigenen Augen sehe, dass ein gewisses Verhalten in der Tat ein „Mein-Verhalten" ist, dann bin ich eher bereit, es ggf. zu optimieren, als wenn es ein „Unser-" wäre. Beim „Unser-aller-Verhalten" habe ich immer die Chance, es zur Not auf die anderen und nicht auf mich zu beziehen, was ich spätestens dann tun werde, wenn es anstrengend wird.

Gut. Dann werde ich meine eigene persönliche Evolution mal kurz durchleuchten ... War ich wirklich immer so krumm? Trug ich schon als Kind und Jugendliche meinen Kopf vor dem Körper? Und hatte ich auch damals diese widerlichen Nacken-, Schulter-, Becken- und Rückenbeschwerden? Nein! Ganz entschieden nein!!! Mir ging es körperlich super! Habe ich es registriert und als Wert wahrgenommen? **Nein! Es war die absolute Normalität, keine Schmerzen zu haben.** Was bitte habe ich dann damals anders gemacht, wenn ich doch noch immer ich bin, es aber heutzutage so anders ist?

Oh! Ok ... ich verstehe. Wenn ich mir das erste Bild so anschaue, dann umarmt mich eine gewisse Nostalgie und fließt durch mich durch wie ein warmer Glühwein, bestehend aus Liebe, Freude und einer herben Trauernote. So vieles war so schön und so vieles erscheint mir nun für immer verloren ... *„Ach so ein Schmarren!"* überkommt es mich, als hätte mir jemand den Glühwein aus der Hand gerissen. *„Was du heute bist, bist du, weil du schon immer so warst wie du bist. Es hat sich nichts verändert! So ein Käse! Höchstens die Hülle, na und? Kein Grund einzusacken".* Kurze Pause und dann *„Gib ihn wieder her, den leckeren Glühwein! Ich mach das anders ..."* Ich höre mich rufen *„Selbsthilfee! Selbsthilfee! Ich brauch dich mal kurz!"*

Tief Luft holen, Lungen-Expander aktivieren! Stängel in Rekordlänge strecken und diese wunderbare Magie von meinem breiten Lächeln. Plopp, plopp, plopp, plopp ... breites Lächeln, breite Schultern, alle vier Punkte sind am Start. Ein Traum! Das Leben ist so schön. Damals wie heute! *„Danke liebe Selbsthilfee, mit dir fällt es mir leicht mir zu helfen! Jetzt geht's mir schon viel besser! Was täte ich nur ohne dich ... ohne mich".*

Aber warum hatte ich nun damals keine Schmerzen? Wirklich einfach **nur, weil ich jünger war?!!** Ach du Schreck! Das würde ja bedeuten, dass ich gar NICHTS mehr dagegen tun kann?! Und warum soll ich dann trotzdem noch bleiben ... auf dieser Erde? Dann könnte ich ja theoretisch gleich verschwinden ... oder?! Weil mit Schmerzen zu leben, die ich obendrein angeblich NICHT ändern kann ... also ich weiß ja nicht ... Das wäre ja genauso gemein, als würde man mir täglich die tollsten Essen servieren, mir aber vorher den Mund halb zugenäht haben (als Zeichen, dass ich jetzt alt bin) und zwar nicht mit heißer Nadel, sondern unwiederbringlich (!) So ungefähr kommt es mir vor ... Wenn du jung bist, darfst du auf der Erde sein **und** täglich leckere Speisen essen, im Alter darfst du zwar auf der Erde bleiben, **aber** kannst eben nur noch die flüssigen Gaumenfreuden (und zwar mittels Strohhalm) genießen. Der Rest bleibt dir verwehrt ... verwehrt, weil du ja nun alt bist. Und das Dramatische daran: **Es wird dir klar gemacht, dass du nichts daran ändern kannst!?** Was macht das für einen Sinn?

Entschuldigung, aber nein! Das glaube ich nicht! Zumindest will ich das nicht glauben und deswegen auch nicht hinnehmen. **Nicht ohne zumindest herausgefunden zu haben, was ich mitunter alles verändern könnte** und was alles wirklich, wirklich, wirklich nicht geht. Denn ich habe da so einen Verdacht, dass viele der Dinge, die ich früher konnte und ich auf Fotos sehen kann, wesentlich leichter wieder zu beleben sind als ich mir selbst einbilde (oder einbilden lasse).

Anmerkung der Autorin

„Was erwarten Sie, Frau Schmidt, in Ihrem Alter!?" Sätze wie diese sind (insbesondere von Orthopäden ... sorry, aber das stimmt leider ...) eine wohl äußerst beliebte Reaktion auf die Frage, woher Ihre Schmerzen kommen. *„Oh! Danke!. Das ist äußerst freundlich und aufbauend. Aber warum hat mir keiner das Verfallsdatum genannt? Dann wäre ich vorher noch schnell gestorben!"*

Welches ist IHRER MEINUNG NACH mein Verfallsdatum ?!

...d.h. ab wann genau darf ich IHRER MEINUNG NACH „ nichts mehr erwarten" ... Dr. Machnullmut ?!

Abends setzt sich Frau Schmidt dann in ihren Lieblingssessel, holt sich ein Gläschen Rotwein, schnappt sich das Fotoalbum und weint leise in sich hinein.

„Ach komm, Regine, jetzt übertreibst du aber. Es ist nun mal die Realität ... Was erwartest du?"

„Als allererstes erwarte ich von einem ARZT (!) eine andere Behandlung. Und überhaupt! Ich gehe doch nicht zu einem Arzt, um von ihm zu erfahren, was alles nicht mehr geht, sondern vielmehr, um Ideen zu bekommen, was ich (noch) dagegen machen könnte!"

„Ja, da magst du ja sicher Recht haben. Aber du wirst doch wohl nicht bestreiten, dass man im Alter nicht mehr dasselbe können kann wie früher!?".

Wer redet denn von demselben?! Ich erwarte nicht und nie dasselbe.

Die physiologischen Veränderungen im Alter existieren, das ist unumstritten. Geschlechtsorgane, Haut, Haare, Schleimhäute jeder Art, Knochen, Gelenke, Muskeln, das Körpergewicht, die Fettverteilung, das Herzkreislaufsystem ... nur um ein paar Dinge zu nennen, die sich im Alter verändern. Und bei der Muskelmasse beginnt der Abbau bereits mit dem 35. Lebensjahr.

Wenn nur das Alter an allem schuld ist, wieso beobachtet man dann so unglaubliche Unterschiede beim Ausmaß?! Bei dem Einen wird nahezu die gesamte Muskulatur abgebaut und bei dem Anderen nicht ...

Ach so, ja! stimmt! Ich vergaß ... zum Alter kommen ja noch die Gene und reihen sich ganz oben ein in die Liste der Top Ten Schuldigen.

Das Problem dabei? Das ist schnell erklärt ... wenn ich einen Schuldigen habe, und dieser Schuldige nicht ich bin, dann muss ich ja auch nichts ändern, niente, cero, nada!!! Ich bin raus, Leute! Ich kann nichts dafür! Mein Alter ist schuld! Und das sage nicht nur ich, das hat mir sogar **Dr. Machnullmut** bestätigt!

Machen wir es uns da alle nicht ein wenig zu leicht?

Revolution! Keiner sollte sich auf dieses Spiel-chen einlassen! Keiner! **TUN** kann man näm-lich nahezu immer etwas.

DAS KRIEGMA HIN!

> Das Einzige, was man meines Erachtens nicht tun sollte ist, sich aufzugeben und nichts zu tun!!!

Hm... piep

- Kartoffeln
- Butter
- Camenbert

Nudeln

ich liebe es ZEIT ZU HABEN yuhuuuu

Schlüsseltag 18
Die Quelle der Kraft und Energie

Auf meiner spannenden Entdeckungsreise habe ich Halt gemacht an einem Ort, den ich schon immer sehr geliebt, aber zeitweise völlig aus den Augen verloren hatte: die Muskeln! Ja! Ich bin ein bekennender Muskel-Fan! Muskeln sind einfach toll, denn **Muskeln sind die Götter der Bewegung,** und die Bewegung ist für mich die absolute Grundlage des Lebens! Ihr größtes Geschenk ist, dass sie mir die Möglichkeit geben, mich völlig autark und mobil zu fühlen. Ein tolles Gefühl der absoluten Freiheit, zu wissen, dass es im Grunde kein Weltuntergang ist, einen Bus zu verpassen. Man hat einfach immer den Notnagel der funktionierenden Beine, mit starken, leistungsfähigen und wunderbar durchbluteten Muskel-Maschinen. So schnell wie der Bus wäre man nicht da ... aber ankommen würde man. Irgendwann zwar, aber man würde. Und nur darauf kommt es doch an. Weil, hey! Ist das denn immer von so großer Bedeutung?! Das Wann, das Sofort, das Schnell-schnell !!? Ich sage entschieden: nö! Da mache ich nicht mit. Ich versuche, die verschiedenen Busse in meinem Leben zwar zu bekommen, ist ja wohl klar. Aber wenn ich sie mal verpasse, dann nehme ich einfach Plan B = Plan Beine ☺ und gehe fröhlich singend weiter. Am Zielort bin ich dann zwar etwas verschwitzt, aber immerhin angekommen. Sie warten auf den Wecker, gell? Weil Sie glauben, dass ich hier grade von einem Traum erzähle? Nein, nein! Das ist kein Traum. Das ist meine Meinung!

Und wissen Sie, Muskeln sind deswegen so spannend, weil sie die Seele entspannen! Denn auch, wenn alles versagt (das Moped vom Freund, der Fahrstuhl in der Arbeit, die Standfestigkeit nach einem feucht-fröhlichen Abend mit dem unvermeidbaren Näherkommen der Bordsteinkante ... natürlich NUR wegen der hohen Absätze dieser blöööden Schuhe) ...

Ja, auf meine Muskeln ist Verlass! Vorausgesetzt, ich habe welche ... natürlich. Und ich, ich hatte mal welche! Richtig viele waren das mal. Damals. Vor ziemlich genau tausend Jahren. Aber eines Tages stelle ich fest, dass sie weg sind. Einfach so! Hätten vorher ruhig mal ein kurzes Zeichen geben können! Der Muskelsprecher zum Beispiel, der hätte doch wenigstens einen kurzen Dreizeiler der Warnung aussenden können?! *„Huhu! Hört mich jemand?! Kurze Info an den Chef da oben, oder an die Seele, oder an die organische Substanz, die diesen Körper steuert: Wenn DU dich weiterhin so wenig um UNS kümmerst, dann VER-kümmern WIR!"*

Aber nein! Unfaires Pack! Verkümmern! Dass ich nicht lache! Verpisst haben die sich! Einfach abgehauen! Und das Übelste?! Pah! Da kommen Sie nie drauf! Die haben offenbar die leeren Platzhüllen mit einer löchrigen dicklichen weißen Soße befüllt, so dass ich erst Jahre später bemerkt habe, dass die dicken Dinger da unten an meinen Oberschenkeln gar keine Muskeln mehr sind, sondern Fett!?

Und was mir am allermeisten stinkt, das ist, dass damit ja nicht nur die Muskeln, sondern auch meine körperliche Freiheit flöten gegangen sind. Also einen Bus brauche ich jetzt nicht mehr zu verpassen! Das wäre ein Desaster! Ja, was sage ich … es wäre das Ende, der Niedergang meiner psychischen Verfassung. Flupp! Weg ist sie … die Leichtigkeit des Seins, wurde mitgerissen in den Tod der Leichtigkeit der Füße. Ängste machen sich breit: „Bloß keinen Bus verpassen! Bloß kein kaputter Fahrstuhl! Bloß nicht hinfallen auf offener Straße (o Gott!! Stell dir vor … dann liegst du da wie ein Käfer auf dem Rücken und kommst alleine nicht mehr hoch, weil dir die Fettschenkel versagen?! Zumal nicht zu erwarten ist, dass du just NEBEN einem Geländer hingefallen bist … nein! Weit und breit nichts als Luft. Wirklich schwer, sich an der hochzuziehen).

Alles in allem der blanke Horror! Der pure Stress!!! Von morgens bis abends schürt die innere Stimme meine Ängste mit diesen ganzen „Bloß-kein-dies-bloß-kein-das". Wie es scheint, ist es einfach doof gelaufen. Tschüss Muskeln! Tschüss autarkes Leben! Hallo … Geländer-, Fahrstuhl- & Autoabhängigkeit?! Oh nein! Was für ein Albtraum!

Projekt
Wiedergewinnung flöten-gegangener Muskelschätze!

Allein die Vorstellung, mein selbstbestimmtes Leben zu verlieren, verursacht mir unerträgliche Schmerzen. Ja! Sie haben richtig gehört! Dieser soeben entdeckte Muskelverlust bringt höllische Schmerzen mit sich, und eines kann ich Ihnen versichern … dieser Schmerz-Fall ist besonders tückisch!!! Er verläuft inkognito, denn **kaum jemand verbindet Muskelverlust mit Schmerz.** Und was noch viel schlimmer ist, viele denken, dass sie diesen Zustand sowieso nicht ändern oder aufhalten können. Dass es ein Schicksal ist, das allen alternden Menschen blüht. Aber das stimmt nicht! Muskelschwund blüht einem nicht, Muskeln verliert man. Und zwar genau genommen immer dann, wenn man sie nicht benutzt. Das ist ungefähr so einfach wie 1 + 1 = 2. Dennoch verkennen immer noch viele (meines Erachtens zu viele!) Menschen die Bedeutung der Muskeln als absolute Quelle der Energie, Motor des Lebens und der Leichtigkeit des Seins. Und genau deswegen steht mein Entschluss, das „Projekt Wiedergewinnung-flöten-gegangener-Muskelschätze" sofort zu starten.

Und dann können sie wieder kommen, die verpassten Busse, die kaputten Fahrstühle und die holprigen Gehwege dieser Welt! Mit der ganzen Härte und Stärke meiner Muskeln werde ich euch bezwingen und selbstbestimmt durchs Leben gehen, Ha! Was sage ich, gehen ..?! Laufen! Springen! Flick Flack werde ich machen! Aber vorher werde ich mal ein Glas Milch trinken und mich aufs Sofa setzen, um zu überlegen, wie ich das am besten angehen könnte.

Na klar! Krafttraining heißt das Zauberwort. Das klingt logisch und es wird dir jeder vermutlich genauso sagen. *„Jedoch, was genau heißt das?! Muss ich jetzt an stumpfsinnigen Geräten Gewichte hin und her oder auch mal rauf und runter (juhu) schubsen?! Hm. Hört sich nicht so prickelnd an. Gibt es da nicht was anderes? Metall und Eisen gehören nämlich nicht grade zur Gruppe meiner Lieblingselemente. Holz oder auch Erde liebe ich dagegen sehr. Da wird mir direkt warm ums Herz ...“ „Und was ist mit Fleisch?“* Höre ich mich fragen, stelle mir aber dann sofort die Gegenfrage: *„Wie ... was meinst du mit Fleisch? Zum Essen oder was? Weil ... Fleisch mag ich eigentlich nicht so wahnsinnig gern...“* entgegne ich mir und wundere mich, weil ich doch wissen müsste, dass ich kein Fleisch mag, wieso frage ich mich das dann ... *„Nein! Ich meinte nicht so ein Speise-Fleisch, sondern DEIN Fleisch. Dein Fleischgewicht sozusagen. Wie wäre zum Beispiel für dich die Vorstellung, einfach mal ein paar Kniebeugen zu machen?“* Kurze Denkpause *„Naja ... die Vorstellung wäre super, aber das mit dem einfach mal machen, wie du sagst, erscheint mir aber eher unrealistisch“.* Kurzes Aufatmen, ein nachdenkliches Lippenspitzen, *„Und mit Hilfsmitteln?“ „Ja dann müsste es ja wohl gehen!“*

Lange Rede, kurzer Sinn ... Selbstdialoge sind genauso schwer wiederzugeben wie Träume, und so ein Ping Pong der Argumente dient ja in der Regel nur der momentanen Inspiration und verliert danach an Bedeutung. Daher überspringe ich mal die ganzen Diskussionsschlenker und komme für Sie gleich zum Ergebnis.

Also, in der Komposition meines zukünftigen Programms wird das sogenannte „funktionelle Krafttraining“ die erste Geige spielen! Warum? Weil es dreidimensional ist, d.h. eine rundum Beanspruchung liefert, das eigene Körpergewicht als Gewicht nutzt (also kein Metall) dank gezielt eingesetzter Hilfsmittel, die Muskulatur so überschwellig fordert, dass sie aus ihrem Dornröschen-Schlaf geweckt wird, und weil immer mehrere Muskelgruppen (sowohl in der Kräftigung als auch im Zusammenspiel) beteiligt sind. Alles in allem: Weil es perfekt zu meinem Leben passt!

Die zweite Geige wird das konventionelle Krafttraining an ganz stinknormalen Kraftgeräten spielen. Wieso jetzt plötzlich doch? Ich denke, du wolltest keine Gewichte stumpfsinnig durch die Gegend schubsen? Ja, stimmt! Andererseits gibt es kaum einen besseren Weg, die Muskeln in sich zu stärken (und damit die Knochen gleich mit), als mit klassischem Krafttraining. Insofern ... ist es, im Sinne eines Sinneswandels, manchmal einfach doch gut, die Dinge mehrmals zu beleuchten.

Anmerkung der Autorin

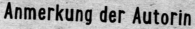

So oder so ist das Thema der Muskeln eine eher komplizierte Sache. Wie soll ich es am besten ausdrücken ...? Also ... wenn man zum Beispiel unter Frauen erwähnt, dass Muskeln von enormer Bedeutung sind, dann stelle ich immer wieder fest, dass sie ein richtiges Image-Problem haben. Also ich meine die Muskeln, nicht die Frauen. Ganz nachvollziehen kann ich das nicht. Dabei wäre grade die Erkenntnis, dass Frauen, die an Kraftgeräten trainieren, das Beste für ihre Gesundheit (und im Übrigen auch für ihre Knochendichte) tun können, und dass sie dabei keineswegs (etwa innerhalb von Sekunden) so Riesenmuskeln bekommen, dass sie auf den Schlag nicht mehr in ihre Hosen reinpassen. Diese Ur-Angst ist extrem verbreitet. Unbegründet. Ganz bewusst führe ich hier nicht die physiologischen Gründe auf, warum das nicht passieren kann oder wird. Ein einfaches „Keine Sorge!! Wirklich! Glauben Sie mir, Sie werden keinen übermäßigen Hulk-ähnlichen-Muskelaufbau erleiden", sollte reichen.

Andersrum würde ich es ja noch eher verstehen. Denn die Angst vor dem Verlust der Muskulatur ist viel berechtigter! Und zwar sehr sehr sehr viel berechtigter! Warum? **Weil es ein enorm langer Weg ist, Muskulatur, die man einst abgebaut hat, mühselig wieder aufzubauen.** Würde allein schon das Atrophieren von nur einer Muskelfaser höllische Schmerzen bereiten, dann würden wir es wenigstens rechtzeitig bemerken und könnten somit auch sofort dagegen angehen! Aber so ist es ja (leider) nicht. Muskelschwund tut eben NICHT weh (!) und kommt zudem schleichend ... und wenn man es dann endlich mal bemerkt, ist es meistens schon so fortgeschritten, dass man so einiges an Weg vor sich hat, um ihn aufzuhalten.

Daher mein Apell. Ein Apell?! Ja! ein Apell! Und zwar an alle Männer und Frauen da draußen (insbesondere an all jene, die über 35 sind):

„Schaut mal eure Oberschenkel an, dann eure Arme, gerne auch Bauch und Rücken ... wenn ihr dort Muskeln seht, egal wie viele, dann seht zu, dass ihr die NICHT aus den Augen verliert! Hegt und pflegt sie, so gut ihr könnt!

Sie sind die beste Lebensversicherung, die ihr euch nur vorstellen könnt". Und wenn ihr nicht wisst wie, dann holt euch Hilfe. Es gibt genug super Fachleute da draußen, die euch ganz genau sagen können was ihr wann, wie oft und warum machen solltet.

Jeder Tag ohne Muskelaktivität ist ein verlorener Tag!

Schlüsseltag 19
Fluch und Segen – Reflektion

Skelettmuskulatur kann so vieles sein, und je nachdem was, wird es gut oder weniger gut für mich sein. Wenn sie verkrampft, dann kann sie furchtbar nerven und fies wehtun. Wenn sie kräftig ist, dann wird sie mir Tür und Tor öffnen und jeden noch so steilen Weg erklimmbar erscheinen lassen. Ist sie zu schwach, verliere ich die Lust und den Mut, auch nur die kleinste Treppe hinaufzugehen, und ist sie verkürzt, dann komme ich kaum runter, wenn ich mir die Socken anziehen möchte. Freund und Feind, Fluch und Segen.

Und man hört und liest so viel darüber ... und weiß im Grunde doch so wenig! Ist denn zum Beispiel ein verkürzter Muskel nun gut oder schlecht? Gehört er zu den Bösen oder zu den Guten? Ich glaube, dass man diese Frage im Grunde nicht beantworten kann oder sollte, ohne zumindest vorher zu wissen, ob er dauerhaft (d.h. spasmatisch und unwillkürlich) oder willkürlich und temporär verkürzt ist, etwa weil er grade eine Bewegung vollzieht. Ersteres ist eher schlecht und mitunter sogar die Ursache für etwaige Schmerzen ... die noch nicht einmal in unmittelbarer Nähe auftauchen müssen. Zweiteres wäre hingegen völlig in Ordnung.

Und ist eine sogenannte „starke Muskulatur" denn wirklich so gut wie ihr Ruf? Mitunter ja. Mitunter aber auch nicht. Zum Beispiel dann nicht, wenn sie (im Vergleich zu ihrem jeweiligen „Gegenspieler") so extrem stark ist, dass die Statik des betroffenen Körperteils oder gar des gesamten Körpers verändert wird. Ausgewogen starke Muskulatur hingegen kann sehr sinnvoll sein. Kann! Wenn sie aber derart stark ist, dass nicht nur die Muskelfasern, sondern auch die dazugehörigen Kraftüberträger (wie z.B. die Sehnen) und das restliche beteiligte Bindegewebe (wie z.B. die Faszien) derart „stark" (verkürzt bzw. verfilzt) sind, dass sie sogar im Stande sind, komplette Gelenke einzusperren ... dann wird die Stärke zum Verhängnis.

Lange Rede, kurzer Sinn. Die Muskulatur ist toll. Ohne Zweifel. Aber sie ist weit davon entfernt, die **allmächtige Lösung aller körperlichen Beschwerden** zu sein. Denn wenn sie es wäre, dann gäbe es keine Bodybuilder oder Leistungsruderer mit Rückenschmerzen. Aber die gibt es, und das nicht zu knapp! Tja ... und nun?!

Ich persönlich habe noch nie so wirklich verstanden, wieso immer jeder die „Wirbelsäule stabilisieren" will!? Wenn ich die Rumpfmuskulatur kräftige, dann doch zum Zweck eines verbesserten Muskelgrundtonus zum Ermöglichen der aufrechten Körperhaltung (wie ich es mit Hilfe vom Brustkorbpfeil der Selbsthilfee schon seit geraumer Zeit mache), oder aber, um mich zu bewegen. Aber nein, ständig wird empfohlen, die Wirbelsäule mittels Muskulatur zu „stabilisieren"? Wenn damit der Grundtonus gemeint ist, also der uns in der Aufrechten hält und überwiegend statisch und in Dauerkontraktion ist, dann ok. Aber wieso sollte ich sogenannte *Crunches, Sit ups* oder andere dynamische Bauchübungen machen, die mich mitunter ventral sogar noch mehr verkürzen und damit alles noch verschlimmern würden? ... stehe ich auf dem Schlauch oder was? Es ist doch nicht die **primäre Funktion der Skelettmuskulatur**, irgendwelche **Knochen** zu „stabilisieren" oder zu schützen, sondern vielmehr diese **zu bewegen** (oder habe ich geschlafen, als ich das Seminar zu diesem Thema hatte?). Aussagen wie: „Muskeln sollen die Knochen schützen" (die mit der Aussage: „Wirbelsäule stabilisieren" indirekt vermittelt werden) sind meines Erachtens nicht ganz sauber formuliert. „Muskeln schützen Knochen" hingegen stimme ich voll zu, denn ja!, zweifelsohne wird ein Mensch, der eine gut trainierte Skelettmuskulatur hat und in einen Autounfall gerät, wesentlich „bessere Karten" haben als einer, der nur sehr wenige Muskelfasern sein eigen nennt. Aber das ist doch dann deswegen noch lange nicht DIE Funktion der Muskulatur, sondern vielmehr ein angenehmer Nebeneffekt? Wieso sollte dann eine Stärkung der Muskulatur zum Schutze der Wirbelsäule das Allheilmittel sein, um mein Schmerzproblem zu lösen? Vielleicht wird es mir (zufälligerweise) helfen, vielleicht aber auch nicht.

Also, ich weiß nicht ... das ist mir alles ein wenig zu einseitig beleuchtet. Denn ... was, wenn die Muskulatur schon super kräftig ist, die Wirbelsäule auch gar keinen Schutz benötigt, weil sie gar nicht schutzlos, sondern vielleicht sogar eher eingesperrt ist ... und zwar von der eigenen Muskulatur, samt Sehnen, Faszien und Bändern? Wieso in aller Welt sollte ich dann die Wirbelsäule „stabilisieren"? **Und überhaupt, WAS GENAU ist damit eigentlich gemeint?!**

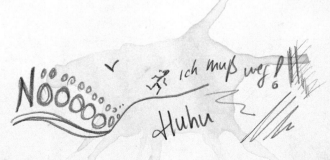

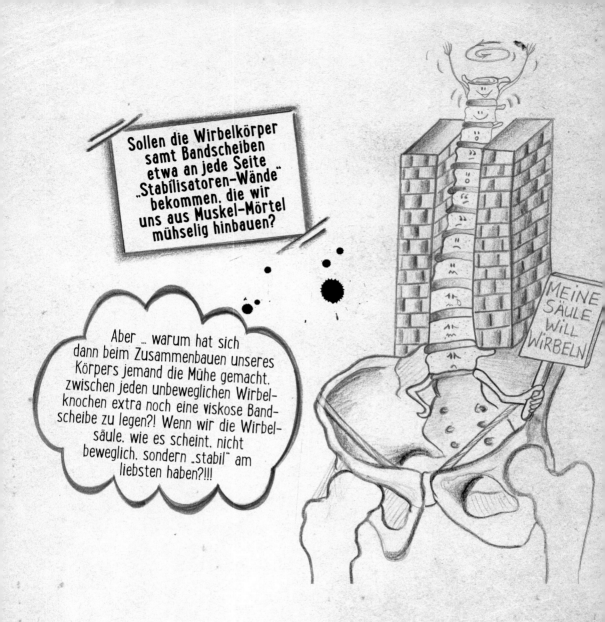

Und zudem stellt sich mir die Frage ... wo fängt diese ominöse Stabilisierung an und vor allem, wo hört sie auf? D.h., ab wann ist sie mehr Fluch als Segen? Wenn man es so weit getrieben hat, dass sie nun zwar stabil ist, aber als Preis dafür ihre Beweglichkeit hergeschenkt hat? **Wäre es manchmal nicht wesentlich sinnvoller, sie mal ganz gezielt zu mobilisieren, statt sie immer nur „stabilisieren" zu wollen?** Wir erinnern uns ... wir sind Wirbeltiere ... und können oder konnten mal wie eine Schlange schlängeln, wenn uns nicht ständig irgendwelche Muskelverkürzungen daran hindern würden. Kann mir dann bitte einer erklären, WIESO ich diese Wirbelsäule „stabilisieren", sprich einsperren sollte? Soll ich etwa zur Fliege werden?!!!

Warum ich mich so echauffiere? Ganz einfach! Weil zum Beispiel ich, von Geburt an schon immer eine sehr ausgeprägte Skelettmuskulatur hatte, und zwar genauso ausgeprägt wie meine Rückenschmerzen, die ich nämlich gefühlt mindestens genauso lange habe!

Nein, Leute! Da stimmt irgendwas nicht. Da macht es sich jemand zu einfach. **Und wenn der Körper eines nicht ist ... dann einfach.**

Nun denken Sie aber mit Recht ... „Ja schön für dich, Regine, dass du so eine tolle Rumpfmuskulatur hast. Aber was nützt es mir? Ich habe vielleicht keine und daher genau das gegenteilige Problem?!" Stimmt! Danke dafür. Denn genau DAS ist die Kernfrage dieser ganzen Odyssee.

Es gibt eben KEINE Allheil-Antwort auf die Frage der Rückenschmerzen. Eine Stabilisierung kann helfen. Muss aber nicht. Eine Mobilisierung kann helfen. Muss aber nicht. Muskellängen-Training kann helfen. Muss aber nicht. Das Thema ist einfach unfassbar komplex. Punkt.

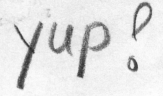

Vielleicht könnte uns ja die Selbsthilfee auch in dieser Hinsicht weiterhelfen? Ich meine, mit dem Brustkorb hat sie ja bereits eingegriffen in die Welt der Muskulatur denn schließlich trainiere ich, dank des Brustkorbpfeils, die aufrechte Haltung und damit schon längst den Grundtonus der Rumpfmuskulatur. Aber kann ich mir im Bereich der restlichen Wirbelsäule, vor allem im Bereich der Lendenwirbelsäule, denn überhaupt selber helfen? Hm, eine gute Frage! Versuchen werde ich es!!! Denn es gibt Nächte, in denen ich vor Schmerzen wach werde, und die Gewissheit habe *„Oh shit! Jetzt ist es passiert! Jetzt bin ich in der Mitte durchgebrochen!"*

Klar! Als Bauchschläferin bin ich natürlich besonders anfällig. Aber was soll ich machen, ist nun mal leider so, und die guten alten „dann-schlaf-halt-auf-dem-Rücken-Anregungen" lächele ich schon längst weg.

Also, jetzt nochmal ganz von vorne: Muskeln sind im Stande zu kontrahieren. Muskeln sind keine losen Fleischstücke, die irgendwo im Körper einfach so rumliegen. Nein, vielmehr ist es so, dass sie mittels ihrer jeweiligen Sehnen IMMER „irgendwo" befestigt sind (entweder am Skelett/Knochen oder manchmal auch an einer Faszie).

Nachdem wir in unserem Körper ca. 650 Muskeln haben (genau genommen 656!!!), haben wir also rein rechnerisch ca. 1.300 Sehnen. Schließlich ist jeder Muskel an mindestens zwei Punkten befestigt.

Das muss man mal sacken lassen: ca. 650 Muskeln. 1.300 Sehnen!!! Holla die Waldfee, das ist jede Menge Holz bzw. Gewebe, das verkümmern, verkürzen oder verfilzen kann! **Faszien** nicht mit eingerechnet! Es handelt sich um die Weichteil-Komponenten des Bindegewebes, die den ganzen Körper als umhüllendes und verbindendes Spannungsnetzwerk durchziehen. Da sie als möglicher Schmerzverursacher vieler Rücken- und Gelenkbeschwerden gehandelt werden, sind sie aktuell in aller Munde. Allein das Gesamtgewicht der Faszien kann sich auf mehrere Kilogramm belaufen. Auch das kann mächtig verfilzen und verkleben. Und alle müssen irgendwie miteinander spielen und klarkommen.

Im Grunde erinnert mich das alles an eine klassische Teamsportart.

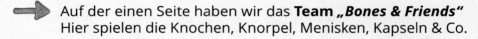 Auf der einen Seite haben wir das **Team _„Bones & Friends"_**
Hier spielen die Knochen, Knorpel, Menisken, Kapseln & Co.

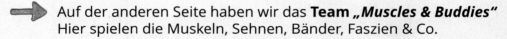 Auf der anderen Seite haben wir das **Team _„Muscles & Buddies"_**
Hier spielen die Muskeln, Sehnen, Bänder, Faszien & Co.

Das Spiel besteht aus Kräfteverteilungen jeder Art. Ein fröhliches Hin & Her von Zugkräften, Druckkräften, Blockaden, Sperren, etc. ... immer abhängig vom Spieler, der grade am Zuge ist. Überall dazwischen fahren ständig irgendwelche Nerven-, Blut- & Lymphbahnen umher, die mal gerammt, mal eingequetscht oder auch mal in Ruhe gelassen werden. Das wiederum hängt vom jeweiligen Können und Zustand der Spieler ab.

Je nachdem „wer, wann und wie lange" am stärksten oder am schwächsten zieht, drückt, presst oder es schafft Widerstand zu leisten, verändert sich die Statik vom Spielfeld oder sie bleibt wie sie ist.

Feststellung: Ein Spiel dieser Art lässt unzählige Spielkombinationen zu. Wenn man immer nur eine beleuchtet, läuft man Gefahr, die unzähligen anderen möglichen Wege zu vernachlässigen. Ein Trainer, der mit so einer Gießkannen- Methode arbeitet, wird mit seiner Mannschaft keine großen Erfolge feiern und vermutlich immer in der Regional- Liga hängen bleiben.

Eine derart komplexe „Sportart" erfordert, wie mir scheint, eine extrem differenzierte Beobachtungsgabe und Handlungsweise.

So ... und nun brauche ich noch eine passende Skizze dazu. Um mich nicht zu verzetteln, werde ich in meine Bilderbuch-Wirbelsäule mal skizieren, was wohl passiert, wenn sich die Statik verändern würde (z.B. durch ventrale Muskelverkürzung)

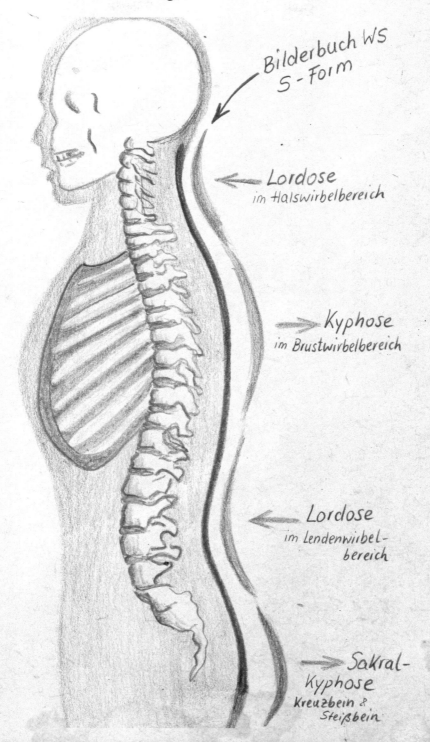

Bilderbuch WS
S-Form

Lordose
im Halswirbelbereich

Kyphose
im Brustwirbelbereich

Lordose
im Lendenwirbel-
bereich

Sakral-
Kyphose
Kreuzbein &
Steißbein

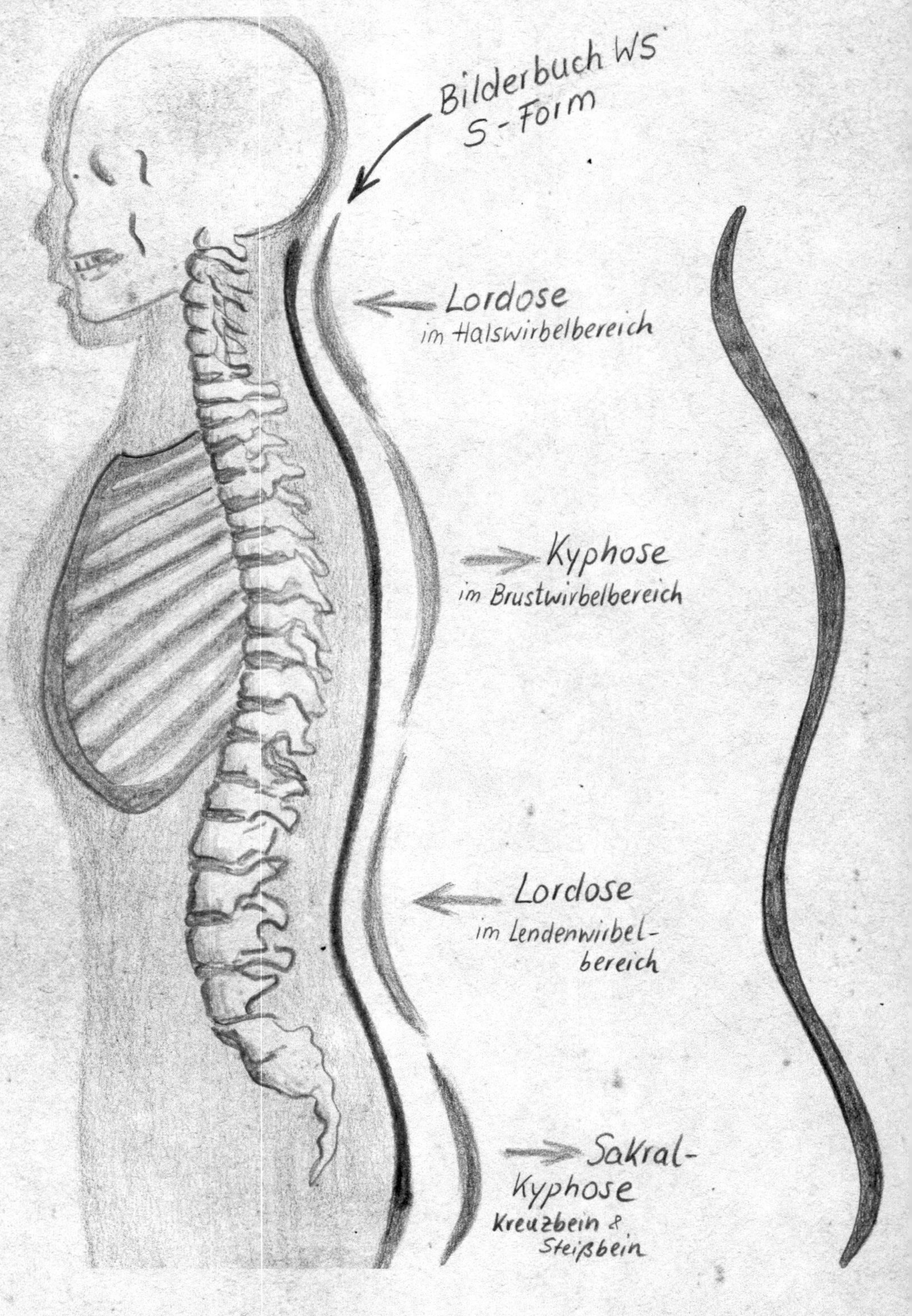

Bilderbuch WS
S-Form

Lordose
im Halswirbelbereich

Kyphose
im Brustwirbelbereich

Lordose
im Lendenwirbel-
bereich

Sakral-
Kyphose
Kreuzbein &
Steißbein

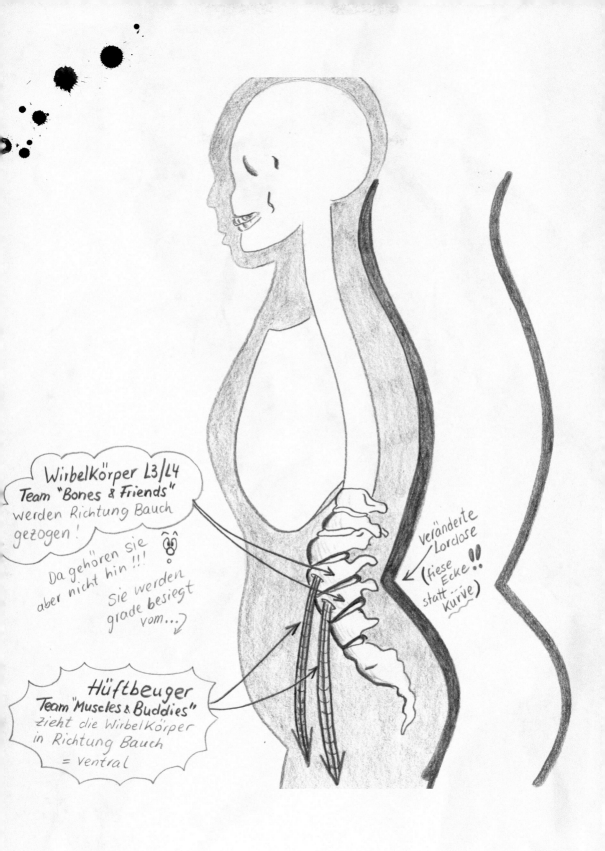

Um beim Beispiel unserer erfundenen Sportart zu bleiben, horchen wir doch mal, was der Sportkommentator zu dieser Skizze zu sagen hat:

„In dieser spannenden Skizze, sehen wir eine veränderte Statik vom Spielfeld. Gut möglich, **dass der Hüftbeuger, ein Spieler vom Team „Muscles & Buddies", die Wirbelkörper der Lendenwirbelsäule** (ihres Zeichens Mitglieder der „Bones & Friends") **bauchwärts gezogen hat.**

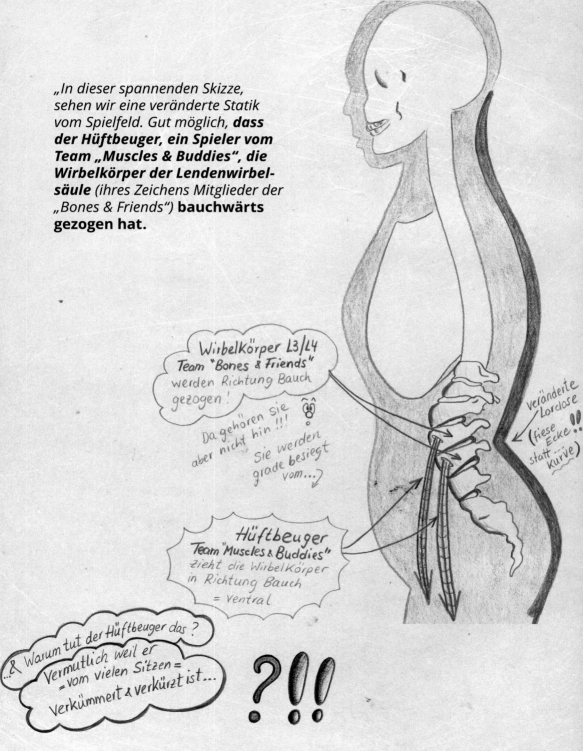

Wirbelkörper L3/L4 Team "Bones & Friends" werden Richtung Bauch gezogen!

Da gehören sie aber nicht hin!!!

Sie werden grade besiegt vom...

veränderte Lordose (fiese Ecke!! statt ... kurve)

Hüftbeuger Team "Muscles & Buddies" zieht die Wirbelkörper in Richtung Bauch = ventral

...& Warum tut der Hüftbeuger das? Vermutlich weil er =vom vielen Sitzen = verkümmert & verkürzt ist...

?!!

Ebenso wurde das Becken (Team „Bones & Friends – im Bild nicht dargestellt) von dem an ihm haftenden geraden Oberschenkel Muskel (Team Muscles & Buddies) ventral gezogen. Vermutlich sind die zwei Attentäter-Muskeln in letzter Zeit zu häufig gesessen und sind nun ganz verkümmert und verkürzt (ggf. saßen sie zu lange auf der Ersatzbank?!). Da sie an den genannten Knochen andocken, wurden diese in Bereiche gezogen, in die sie gar nicht wollten! Touch down!

Die Statik wurde verändert und die dorsalen Muskeln, Faszien, Bänder vom unteren Rücken sowie Gesäß (d.h. diesmal sind die hinteren dran!) müssen sich nun völlig neu orientieren. Es ist zu befürchten, dass sie es, mangels Erfahrung und Gewohnheit nicht schaffen und in den spasmatischen Streik mittels schmerzhafter Verspannungen treten werden. Ggf. wird dabei sogar ein Nerv eingeklemmt ... mal schauen! Was für ein spannendes Spiel! Wir freuen uns auf die zweite Halbzeit! Jetzt ... Werbung!"

Meiner Meinung nach ist es hilfreich, wenn man versteht und sich vor Augen hält, dass Muskeln an Knochen haften und an ihnen ziehen (können). Ich gehe sogar noch weiter und sage, dass es die Ur-Funktion der Muskulatur ist, genau das zu tun: Knochen zu bewegen (wieso sollten sie sonst an ihnen andocken?). Und warum ist es ihre Funktion? Weil die Knochen selbst, mangels kontraktiler Einheiten, NICHT, auch nur im Ansatz, in der Lage wären, sich zu bewegen!!! Wieso schaffen sie es dann trotzdem immer wieder, in Regionen zu landen, in die sie nicht gehören?! Das ist ja schon fast genauso spuky wie die Socke, die es fast geschafft hätte in den Wäschekorb zu gelangen!!! Oder werden die Knochen am Ende von den Muskeln dort hingezogen, aber leider nicht mehr abgeholt, weil dem Muskel etwa die Gleitfähigkeit (und somit der Sprit für den Rückweg) ausgegangen ist?! Oh je, die Armen! Und nun hängen sie dort rum! Völlig einsam und verlassen auf dem Unfallstreifen?! Vielleicht sollten wir mal den ADAC (den **A**nständig **D**iagnostizierenden **A**rzt **C**hef) rufen?!

Eine andere Möglichkeit wäre natürlich auch, der chronisch verkürzten ventralen Muskulatur das verlernte Loslassen wieder beizubringen?! Gezielte Dehnungen bewirken Wunder, ebenso wie Mobilisationstraining und vieles mehr, wie zum Beispiel Faszien-Stimulation & Co.

Hier eröffnet sich eine Riesenwelt der Möglichkeiten, die immer nur ein Ziel verfolgen sollte: Das Team *„Bones & Friends"* und das Team *„Muscles & Buddies"* sollten untereinander gut abgestimmt und ausgewogen stark sein, so dass das Ergebnis über Jahre möglichst immer dasselbe ist: ein Unentschieden.

Und nun? Tja, jetzt wo ich das Gefühl habe zu wissen, was zu tun ist, mache ich mich daran, Übungen zu entwickeln, die mir helfen, meine Schmerzen im unteren Rücken zu bekämpfen. Bin gespannt ...

Schlüsseltag 20
Die Beckenkür der Glückseligkeit

Ich habe eine kleine Übungsreihe entwickelt, mit der ich es endlich geschafft habe, die morgendliche „Stöhn-Arie" zu eliminieren, die ich mir früher immer gejodelt und gejault habe beim Versuch, meinen alten, schmerzenden Körper, nach den gefühlt nur 2 Stunden der „Nachtruhe", aus dem Bett zu hieven!!! Und seitdem ich diese Übungen (täglich!) mache, komme ich wieder ohne zu stöhnen aus dem Bett. Krass! Oder?!

Ich habe sie auf den Namen „Beckenkür" getauft.

Ja, und was unterscheidet sie von den anderen 10.000 existierenden Übungen? Im Grunde nichts, es sind Übungen wie viele andere auch.

Das Geheimrezept ist ihre Umsetzbarkeit, bedingt durch folgende Faktoren:

➡ Ich mache sie gleich morgens, sofort nach dem Wachwerden. Die Übungen sind alle in Rückenlage, und ich mache sie direkt im Bett … in dem ich eh noch liege! Hihi!

➡ Die Übungen sind leicht zu merken und leicht auszuführen. Zudem funktionieren sie in jedem Bett, egal ob Wasserbett, klassische Matratze oder Luftmatratze! Auf dem Boden funktioniert sie sowieso! Ich habe die Beckenkür bisher überall erfolgreich durchführen können!

➡ Dank der Gesamtdauer von ca. 3 Minuten ist die Hemmschwelle nicht so groß. Man denkt sich … „hey, ob ich jetzt 3 Minuten früher oder später aufstehe …"

➡ Sie beansprucht und mobilisiert genau den neuralgischen Übergang vom Becken und Lendenwirbelsäule mit den dazugehörigen unzähligen Bändern und Ligamenten, die es in diesem Bereich gibt und **die nach einer langen Nacht meist noch im Tiefschlaf der Verfilzung schlummern.** Mit der Beckenkür reiße ich sie behutsam aus der Komfortzone.

Das Becken wird bei jeder Übung als völlig isoliert agierendes Gelenk betrachtet. Damit fordere ich die Beweglichkeit der Lendenwirbelsäule, die grade mal aus 5 Wirbeln besteht, von denen drei ja schon fast vollständig im Becken verschwinden. Klar, dass sie daher sehr anfällig sind, ihre „eigenständige" Beweglichkeit zu verlieren.

Die "Sorgen" der "eingesperrten" Lendenwirbelsäule

// Von 5 Gelenken sind 3 nahezu "eingesperrt" und dürfen somit nicht mehr mitspielen in der "Wirbel-Liga" der Gelenke ... //

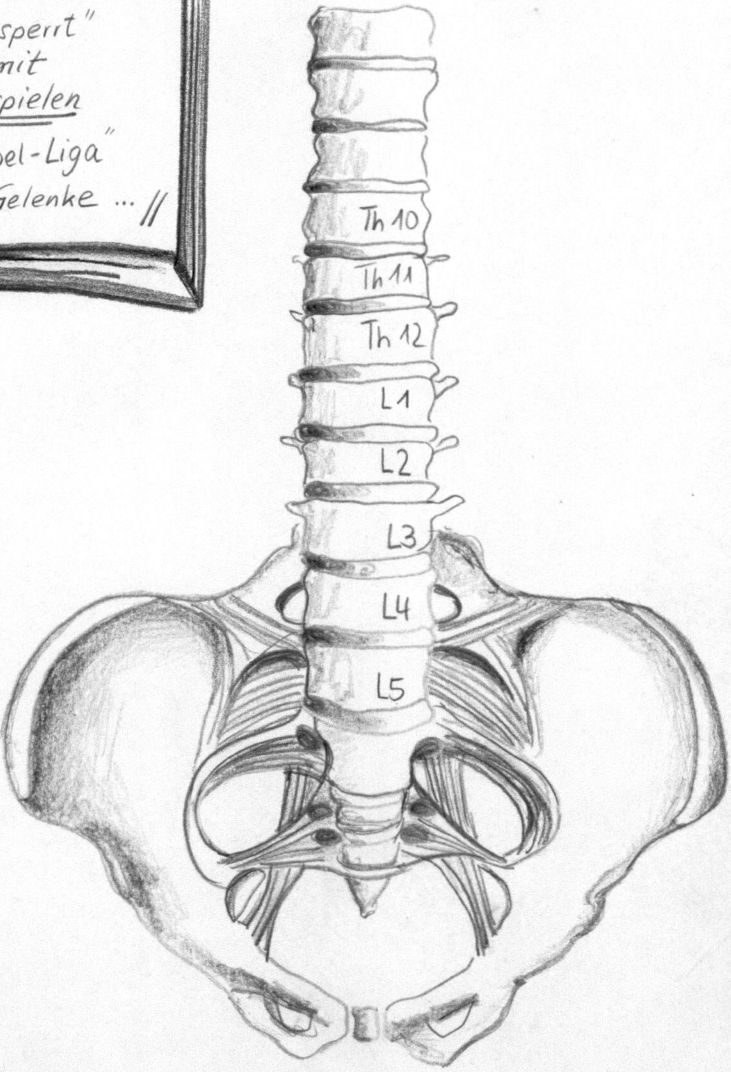

Th 10
Th 11
Th 12
L1
L2
L3
L4
L5

In gewisser Weise wird ja der untere Bereich der Lendenwirbelsäule vom Becken umfasst wie ein Baumstamm von einem mit Erde befüllten Blumentopf. Bewegt man den Blumentopf, bewegt sich auch der Stamm, vor allem dann, wenn die Erde so fest ist wie Beton. Bewegt man aber nur den Blumentopf, und zwar isoliert und getrennt vom Stamm (weil man den Stamm fixiert) dann wird der Bereich vom Stamm, der sich fest in die Erde verwurzelt hatte, mit der Zeit immer lockerer und beweglicher. Ok, im Falle von einem Blumentopf haben wir das ggf. nicht so gerne, wenn der Stamm locker in der Erde wackelt. Aber im Falle vom unteren Rücken ist es DIE Chance, um die untersten Lendenwirbel endlich mal zu fordern und zu bewegen.

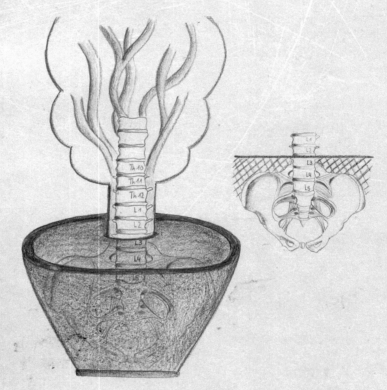

➡️ Die Qualität des Aufstehens danach ist eine völlig andere! Das sonore Morgengejaule ist Schnee von gestern. Man spürt so richtig, dass alles ein wenig wacher ist.

➡️ Ich kann sie beliebig oft (im Laufe des Tages oder wenn es mal akut erforderlich ist) wiederholen. Matte oder weiche Decke auf dem Boden und fertig ist die Lucy. Wenn ich über längere Zeit eine einseitige Belastung im unteren Rücken hatte, wie z.B. eine lange Shopping Tour, Gartenarbeit etc., habe ich sie schon oft auch unter Tags einfach mal „zwischengeschoben" und habe natürlich nicht erst bis zum nächsten Morgen damit gewartet. Wie so eine Art „Tablette" für akute Fälle.

Anmerkung der Autorin

Eine tolle Kür! Wirklich. Ich habe sie schon an unzählige Menschen weitergegeben, und alle waren bisher begeistert.

Jedoch ... was helfen die tollsten Übungen, wenn man sie nur einmal im Monat anwendet?! Ganz genau, nichts! Das wäre ungefähr genauso nützlich wie ein super schönes Auto zu haben, das aber leider keinen Motor hat. Und dieser Motor sind entweder Sie selbst oder eben ... niemand.

Kurz: die ganze Sache lebt und fällt mit der **täglichen Anwendung**. Das Motto lautet: Was täglich benutzt wird, wird nicht verfilzen. Wie das tägliche Bürsten, wenn man nicht will, dass sich im Haar Unmengen von Knoten und Verfilzungen einnisten.

Wer möchte, kann die Beckenkür noch mit einer Übung im Stehen ergänzen. Ich persönlich mache die im Stehen täglich während der Wartezeit vom Wasserkocher.

Diese und andere Übungen, die Sie in diesem Buch finden, gibt es auch als kleines Heft, Video etc. Diese können Sie als Nachschlagewerk für zu Hause nutzen ☺ Besuchen Sie meine Webpage: www.regine-trat.com

Probieren Sie das mal aus! Sie werden überrascht sein! Viel Spaß beim Wassertreten, Becken- und Knieschaukeln!

Apropos „täglich" ... interessante Beobachtung:

Hunde und Katzen haben uns was voraus. Täglich recken und strecken sie sich ... ganz intuitiv! Keiner muss sie daran erinnern. Vermutlich spüren sie die Notwendigkeit es zu tun, und dann tun sie es einfach! So oder so scheint es in ihren Genen verankert zu sein. In unseren wohl nicht. Oder nicht mehr. Oder sie wurden uns aberzogen (denn wie sieht das aus!? „Man streckt sich nicht"!!!), richtig? Haben nicht auch Sie diesen Satz häufig gehört, von Eltern, Lehrern oder anderen Bestimmern? Schade eigentlich. Dabei wäre so ein gediegenes sich strecken so unfassbar gut für uns und unserem meist so unbenutzten Gesamtkörper!?

Sowas sollte man sich ruhig genauso häufig gönnen wie das ständige Durchführen vom „überlisteten Klappmesser" (von der Beckenkür), ganz egal wo, wann oder ob man dabei gesehen wird. Zum Beispiel an der Tankstelle, als Pausenfüller während einer langen Autofahrt, oder im Garten, als spontane Einlage und Ausgleich zu dieser so gartentypischen, halb gebückten Haltung, oder aber während der Wartezeit an der Kasse vom Supermarkt? Ok, Letzteres habe ich mich in der Tat (noch!) nicht getraut. Warum eigentlich nicht?! Weil es sich nicht gehört!? Weil dann die Leute blöd schauen würden!? Seltsam. Wenn sich ein Hund streckt, schaut keiner blöd. Also wenn das nicht blöd ist! Also zumindest ist es blöd für uns Menschen. Der Streckdrang passt wohl nicht in unsere Gesellschaft. Im nächsten Leben werde ich ein Hund.

Die Beckenkür Mini

Diese Beckenkür „Mini" besteht aus folgenden
3 Übungen:
-        Wassertreten
-        Beckenschaukel
-        Knieschaukel

Ziel: Mobilisation von Becken, Lendenwirbelsäule und Iliosakralgelenk.

Wie? Wo?: Alle drei Übungen werden in der Rückenlage durchgeführt (am besten morgens im Bett ... VOR dem Aufstehen)

Beckenkür Mini
Wassertreten

60x

➡️ Beine komplett gestreckt
(!) Insbesondere auf stets lockere,
„nicht aktiv mitarbeitende" Beine
achten!

➡️ Hände auf Beckenkamm ablegen.
So kann man die Aktivität vom Becken, als isolierte Gelenkbewegung,
am besten wahrnehmen und begleiten.

Vogelperspektive ツ
... Dieser Mensch liegt
auf einer Matratze

➡️ Becken abwechselnd runterschieben & hochziehen, so dass sich
die Beinlänge auf der jeweils aktiven Beckenseite verändert.

Beckenkür Mini 30x Beckenschaukel

➡️ Beine komplett gestreckt

➡️ Innenbeine „kleben durchgängig an-
einander"
(Vgl. „Meerjungfrau")

➡️ Beide Handflächen fixiert am Boden/
Matratze, stabilisieren den Oberkörper und sorgen dafür, dass die
Schulterblätter,
beim „Schaukeln"
den Boden
nicht, bzw.
möglichst
wenig,
verlassen

Vogelperspektive ☺
... Dieser Mensch liegt
auf einer Matratze

➡️ Mit der jeweils gegenüberliegenden Hand etwas in den Boden
drücken, um die seitliche Schaukelbewegung zu unterstützen
(so bleibt die Schulter unten und es kommt zur erwünschten
„Verwringung" vom Oberkörper in Relation zum Beckenbereich)

➡️ Becken seitlich hin & her schwenken

➡️ Auf einen dynamischen aber dennoch behutsamen Bewegungsfluss achten.

Beckenkür Mini
Knieschaukel

15x

➡️ Beine etwas breiter als hüftbreit aufstellen (Knie gebeugt/Füße aufgestellt)

Vogelperspektive ♡
... Dieser Mensch liegt
auf einer Matratze

➡️ Kippen beider Knie auf eine Seite

➡️ Das Knie vom „Innenbein" landet in der
Nähe der Ferse vom „Bodenbein"

➡️ Das Knie vom „Bodenbein" kommt in Bodennähe

➡️ Über die Mitte zurück zur anderen Seite kippen ... usw.

➡️ Auf einen dynamischen aber dennoch behutsamen
Bewegungsfluss achten.

**+ Intensivierung/
Abschluss:**

Knöchel (vom Bodenbein)
auf das Knie (vom
Innenbein) ablegen

113

Das überlistete Klappmesser

Der effektvolle Quickie für zwischendurch

Becken –
Lendenwirbelsäul
Mobilisation vom
Feinsten im Steh

3x rauf und runter

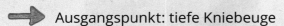 Ausgangspunkt: tiefe Kniebeuge

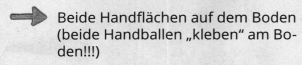 Beide Handflächen auf dem Boden (beide Handballen „kleben" am Boden!!!)

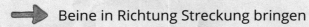 Beine in Richtung Streckung bringen

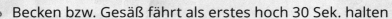 Becken bzw. Gesäß fährt als erstes hoch 30 Sek. halten

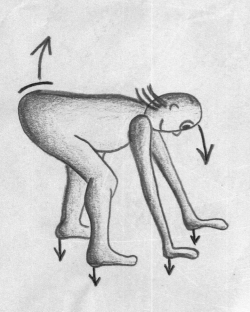

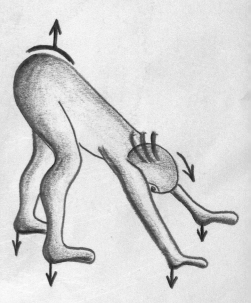

Dann wieder in die tiefe Kniebeuge – Hände kurz vom Boden lösen – mit den Ellbogen beide Knie kurz von innen nach außen drücken, so dass das Becken sowie die Innenseite der Oberschenkel kurz „gespreizt" werden.

Merkmale:

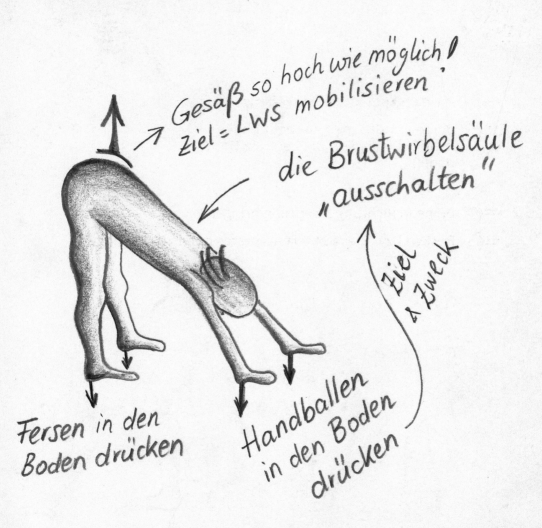

Gesäß so hoch wie möglich!
Ziel = LWS mobilisieren

die Brustwirbelsäule „ausschalten"

Ziel & Zweck

Fersen in den Boden drücken

Handballen in den Boden drücken

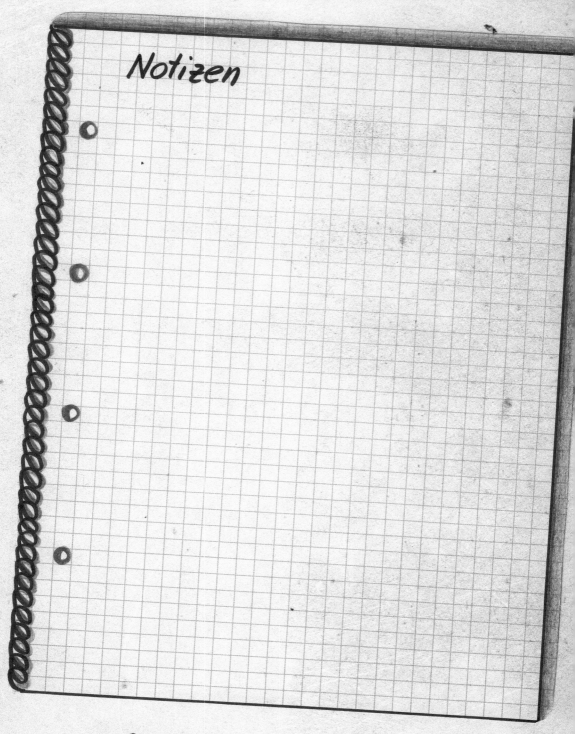

Notizen

_ O L _ E R

Schlüsseltag 21
Ja oder nein?

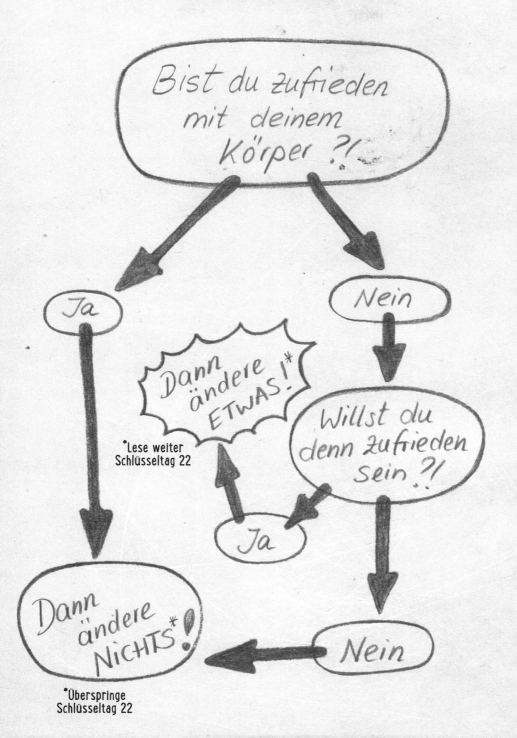

Bist du zufrieden mit deinem Körper ?!

Ja

Nein

Dann ändere ETWAS!*

*Lese weiter Schlüsseltag 22

Willst du denn zufrieden sein ?!

Ja

Dann ändere NICHTS*!

Nein

*Überspringe Schlüsseltag 22

Wenn ich trainiere, **dann** geht es mir gut!
Wenn ich nicht trainiere, **dann** kommen meine Schmerzen wieder!
Wenn meine Schmerzen wieder kommen, **dann** kann ich mich nicht aufraffen!
Wenn ich mich nicht aufraffen kann, **dann** platzen mal wieder meine Pläne!
Wenn meine Pläne wieder mal platzen, **dann** bin ich enttäuscht von mir!
Wenn ich enttäuscht bin von mir, **dann** zieht mich das runter!
Wenn mich das runter zieht, **dann** habe ich keine Energie mehr!
Wenn ich keine Energie mehr habe, **dann** höre ich auf!
Wenn ich schon wieder versage, **dann** bin ich frustriert!
Wenn ich frustriert bin, **dann** macht das Leben echt keinen Spaß!
Wenn das Leben keinen Spaß macht, **dann** macht das Leben einfach keinen Spaß

* suche die
Wendemaus

Wenn ich trainiere, **dann** geht es mir gut!
Wenn ich nicht trainiere, **dann** kommen meine Schmerzen wieder!
Wenn meine Schmerzen wieder kommen, **dann** raffe ich mich auf und gehe trainieren!
Wenn ich geschafft habe mich aufzuraffen, **dann** bin ich stolz auf mich!
Wenn ich stolz auf mich bin, **dann** könnte ich Bäume ausreißen!
Wenn ich Bäume ausreißen könnte, **dann** bin ich kaum zu bremsen!
Wenn ich kaum zu bremsen bin, **dann** reiße ich auch andere mit!
Wenn ich andere mitreiße, **dann** bin ich nicht alleine!
Wenn ich nicht alleine bin, **dann** macht das Leben viel mehr Spaß!
Wenn das Leben richtig Spaß macht, **dann** macht das Leben richtig Spaß

Die Moral von der Geschichte; NICHT SO VIEL DENKEN einfach TUN !!!

Anmerkung der Autorin
Nicht so viel denken!
Einfach TUN!

„Hahaha! Darf ich mal lachen! Da gibt es nur leider ein klitzekleines Wort in diesem netten „Tschak-ka-Konstrukt", das mich ungemein stört! Kommst du drauf welches? = Einfach!? Denn genau das ist es ja eben nicht!!!

Und? Waren das die Gedanken, die Ihnen grade durch den Kopf geschossen sind?! Das kann ich gut nachvollziehen ... glauben Sie mir! Ich bin nämlich auch überhaupt nicht der „Tschakka-du-schaffst-es-Typ"! Ganz im Gegenteil! Diese „heißluftigen-Möchtegern-Mutmach-Parolen" gehen mir insbesondere dann auf den Zeiger, wenn sie die perfekte Glückseligkeit suggerieren! Denn wenn ich eines mittlerweile kapiert habe, dann, dass das Glück im Leben vieles verkraftet, aber kein Streben nach Perfektion.

Aber um wieder zur Ursprungsfrage des einfachen Tuns zurückzukommen. Ja! Sie haben natürlich recht! Es ist in der Tat mitunter „nicht einfach etwas einfach zu tun!" Es hört meistens genau dann auf, einfach zu sein, **wenn wir selbst es uns schwer machen!** Hier liegt die Krux! Die meisten Menschen, die ich diesbezüglich in den letzten Jahren beobachtet habe (und das waren SEHR viele!), machen es sich selbst zu schwer. Jene hingegen, die einen Sinn für die „ungeschminkte Machbarkeit" und den „pragmatischen Realismus" haben, schaffen es über Jahrzehnte, konstant zu bleiben.

Um es auf den Punkt zu bringen: die Leichtigkeit des Tuns basiert, meiner Meinung nach, auf drei ganz entscheidenden Säulen ...

Die Leichtigkeit des Tuns ist ein Dreifuß

1) Ein Intermezzo darf sein!

Wenn du mal 1, 2 oder auch mal 3 Tage, Wochen, oder lass es sogar auch mal Monate ... (Jahre...?!!) sein, an denen du nicht trainiert oder deine Übungen nicht wie geplant (täglich) durchgeführt hast, dann ... Na was dann? Gar nichts dann! Dann ist das halt so! Mehr gibt es dazu nicht zu sagen!

Ich bin der Meinung, dass Auszeiten oder Pausen dieser Art **immer ihre Gründe haben**, und dass sie zum Leben einfach dazu gehören. Viele begehen jedoch den groben Fehler, sich nun zu bestrafen, indem sie denken, dass nun alles, was sie vorher erreicht hatten, verloren ist, und dass es deswegen nun keinen Sinn mehr macht weiter zu machen!? Naja, sagen wir's mal so ... natürlich ist das, was man, rein sportlich gesehen, bis zu diesem „Intermezzo" erreicht hatte, in gewisser Weise nicht mehr da. Also genau genommen ist es ... weg! Ja, das mag wohl sein. Aber deswegen ist doch noch lange nicht gleich „alles verloren"?!

 Verloren ist es doch nur, wenn du denkst, dass nun alles verloren ist.

Jeder, der sich bei der Konfrontation mit solchen vermeintlichen „Schwächeanfällen" eine gesunde **„Na-und-macht-doch-nichts-Haltung"** zulegt, hat die besten Chancen, langfristig am Ball zu bleiben. Denn ... hey! Es ist nicht wichtig, ob du es (mal, für eine gewisse Zeit ... aus gewissen Gründen ...) nicht gemacht hast! Wichtig ist NUR, dass du es **JETZT** wieder tust!

2) Holz statt Papier

Gestern noch Couchmensch, heute schon Hochleistungssportler!? Ich habe manchmal den Eindruck, dass Menschen, die „gefühlt endlich!" entschieden haben, etwas für ihre Gesundheit zu tun, gerne mit dem Kopf durch die Wand gehen, und zwar sowohl in der Intensität als auch im Ausmaß bzw. der Dauer der jeweiligen Einheit. Erfahrungsgemäß sind jene, die stark anfangen, auch jene, die stark nachlassen. Warum? Weil das Pensum, das sie von sich abverlangen, nichts, und zwar gar nichts mit der Realität zu tun hat und sich vor allem in der Art niemals mit ihrem eigentlichen Alltag verbinden ließe! Sie legen los, und um sie herum entsteht ein leuchtendes Feuer an Motivation, unbändiger Energie und Elan. Ein klassisches Papierfeuer. Puff! Heftig viel! Von einer Sekunde auf die andere. Ein paar Minuten später? Asche ... und tschüss.

Was dann aufkommt, ist „Frust & Enttäuschung" ...   Dabei ist grade die **Ent**täuschung das Beste, was Ihnen passieren konnte! Schließlich hatten sie sich ja „getäuscht" ... und diese Täuschung ist ja nun **ent**-tarnt! Sowas nennt man vielerorts auch: „Orientierung". Ist doch super!

Wenn du wirklich langfristig etwas ändern willst, dann wähle Holz statt Papier. Es wird zwar etwas dauern, bis das Feuer greift, und es wird auch nicht so heftig für Furore sorgen ... aber wenn es mal brennt, dann brennt es lange. Und nicht nur das. Um es am Leben zu erhalten, musst du nicht rennen und rennen, um ständig neues Papier nachzulegen. Immer wieder ein Stück Holz ... die Komposition der Schichtung ein wenig korrigieren ... und schon ist es wieder da, dein ganz persönliches Feuer.

Verlange nicht zu viel!
7 Liegestützen sind 7 x mehr als null,
10 Minuten Sport sind 10 x mehr als null, und ...
egal wie langsam du gehst, du schlägst alle, die zu Hause bleiben!

Und ja! natürlich ist es auch mega genial, wenn du statt 7 unfassbare 35 Liegestützen schaffst. Und, ja doch! Natürlich kannst (bzw. musst du sogar!) stolz auf dich sein, wenn du statt 10 ganze 45 Minuten am Stück Sport gemacht hast ... und ja, natürlich wäre es schick, wenn es dir gelingen würde, statt langsam zu gehen, super schnell zu laufen. Aber wenn dich diese 35 statt 7, diese 45 statt 10 und das Schnelle statt das Langsame derart überfordern, dass du es niemals langfristig schaffen würdest es beizubehalten ... was würde dir diese Steigerung dann bringen?! Nichts! Was bleibt? Die Escape-Taste!

Verlange nicht zu wenig!
Um nicht missverstanden zu werden: Ich bin keineswegs der Meinung, dass wir uns an der Mindestgrenze dessen, was wir leisten können oder wollen, orientieren sollten! Nein! Auf keinen Fall! Unterforderungen bringen schließlich auch nicht den erwünschten Effekt.

Aber erfahrungsgemäß tendieren die Meisten (vor allem am Anfang) eher dazu, zu viel von sich zu verlangen. Damit machen sie sich das, was einst „einfach zu tun" war, selber schwer und beackern somit das Feld des sicheren Aufgebens!

Und freilich ist eine Unterforderung nicht zielführend. Eine Überforderung ist es aber ebenso wenig! Wie immer ist die „goldene Mitte" der Sieger ...

DIE DIVISE LAUTET :

weder →**FORDERE** deinen Körper !!!
ÜBERFORDERE ihn
noch **UNTER**FORDERE ihn
sondern **FORDERE** ihn

MERKE !!!
... und das gilt
für jedes Alter !!!

Oder, um eine 102jährige Frau zu zitieren, die in einer Fernsehsendung auf die Frage nach ihrem Geheimrezept für ihr langes Leben folgendes sagte:

 „Quäle deinen Körper, sonst quält dein Körper dich."

Quintessenz: Fordere deinen Körper, indem du von ihm das verlangst, was „er" (und damit letztlich ja „du"), auch wirklich geben kannst und vor allem auch geben willst:

✖ Was passt zu mir?

✖ Was kann und will ich (langfristig!) investieren?

✖ Woran könnte es scheitern?

Beantworte diese Fragen nach bestem Wissen und Gewissen. Ich selbst orientiere mich dabei an meiner aus der Not selbst entwickelten „Wollen-Können-Tun-Treppe" ...

Zähl auf was
DU Alles liebst
Hast du dich genannt oder gar vergessen

Wollen

Was will ich erreichen oder verändern?
Warum?! Was genau gefällt mir aktuell nicht?

Können

Was kann ich leisten? Was kann ich nicht?
Was muss ich wissen? Wer könnte mir ggf. helfen?

Tun

Was werde ich (ab wann und wie oft) tun?

Und dann ... Tu es einfach!!! Mach! Leg los! Setze ihn um ... deinen ganz persönlichen Plan! Orientiere dich dabei so gut du kannst an dem, was du bei der Beantwortung der Fragen als Erkenntnis über dich gewonnen hast. Letzten Endes weiß keiner, ob du mit deinen Antworten sofort und auf Anhieb richtig liegst. Erst die Anwendung, also die Häufigkeit und Qualität deines Tuns wird dir in zweierlei Richtungen **Klarheit** verschaffen:

 Mir wird klar: der Plan klappt! Dann ist sowieso alles gut.

Mir wird klar: der Plan klappt (natürlich, mal wieder, wie erwartet) nicht! Mist! Und dann?!

„Dann wird das passieren, was immer passiert, das weiß ich jetzt schon!!! ***Ich ärgere mich maßlos*** *darüber, dass es mir schon wieder nicht gelungen ist!?"*

Meinetwegen. Jeder Mensch darf sich, so oft er das möchte, ärgern. Es ist und bleibt seine freie Entscheidung. Was jedoch auch bleibt, ist die Frage, was man davon hat?! Vermutlich ... Hm ... lassen Sie mich mal stark nachdenken ... öhm ... nichts! Gar nichts! Außer einem Sack voller ätzender Nachteile (Magengeschwür, graue Haare, Zornesfalten ...) bringt so ein Ärger nichts! Wieso lade ich ihn dann eigentlich ständig ein!? Er kommt in mein Haus, bringt KEIN Geschenk mit (NULL! Noch nicht einmal ein Blümchen!), macht alles kaputt, furzt in meinen Sessel, frisst schmatzend meinen ganzen Kuchen auf, steht wieder auf und geht! Und ich Vollpfosten habe ihm auch noch freiwillig die Tür aufgemacht?! Wieso tue ich sowas?! Seltsam ist das schon irgendwie ... finden Sie nicht?! Vielleicht sollte ich doch mal zum Psychiater?

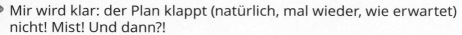

Knödel sind lecker
aber mit Kopf?!!
(→ seltsam ...)

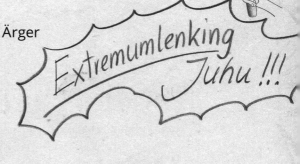

Herr Ärgerdich

Meine Güte! Wo ist das Problem?!!! Wenn etwas nicht geklappt hat, dann hat es in erster Instanz vor allem eins: nicht geklappt. Und dafür gibt es vermutlich Gründe! Gründe! Verstehen Sie? Und diese Gründe gilt es nun zu erforschen. Und wenn ich höre, dass der Ärger, dieser Vernichtungsteufel, schon wieder an meiner Haustür klopft, dann kommt der mir grad recht. Ich mache die Tür auf, pack den Kerl an den Hörnern, schüttle ihn so lange, bis seine ganze Energie auf meinen Hausboden fällt, werfe ihn wieder vor die Tür, wisch die Energie vom Boden, fülle sie in einen Eimer und benutze sie! Schließlich kann ich sie super gut gebrauchen, um meine Forschungsarbeiten zu erledigen! Danke, lieber Ärger, für dieses energiegeladene Paket!

KEIN HERZ FÜR ÄRGER

Extrem Umlenking! Juhu!!! Ich mache aus der Energie vom Ärger —> Forschungsenergie! Und dann? Dann gehe ich in mich und überlege, ganz entspannt und gelassen: *Woran lag es? Auf welcher Stufe wurde ich von Mut und Kraft verlassen? Was könnte ich in Zukunft anders lösen? Etc. etc. etc. ...*

Extremumlenking Juhu !!!

Ich mache aus der ENERGIE vom ÄRGER → Forschungsenergie !

„Menschen mit Tiefgang" sind für mich nicht jene, die oberflächlich aufgeben, wenn sie feststellen, dass auf dem Boden der Tatsachen Risse aufklaffen, sondern Menschen, die genau dann mit voller Wucht in die Tiefe gehen, wenn etwas nicht so funktioniert wie erwünscht! Mit ihrem unbedingten Willen suchen und kämpfen sie solange, bis sie verstehen, warum ihre Taten so tiefe Furchen aufweisen!

128

Leben ist doch Bewegung, oder etwa nicht?! Na, dann passt eine Treppe wie diese ja perfekt zur Erfüllung der alltäglichen Lebensaktivität!? Treppe rauf, Treppe runter, Treppe rauf, Treppe runter ... solange, bis man geschafft hat, dass alle Stufen lochbefreit und solide sind.

Die Option, sich von oben runter zu stürzen ... nur weil man feststellt, dass der Boden der Tun-Stufe einen tiefen Spalt aufweist, ist vor allem deswegen keine gute, weil sie die immense Gefahr birgt, dass man beim Aufprall ein Loch in den Boden schlägt, aus dem man deswegen nur noch schwer wieder herauskommt, weil es tiefer ist als der Punkt, von dem aus man gestartet ist!!! Wobei auch ich zugeben muss, dass so ein gepflegtes Aufgeben sehr verlockend sein kann! Es ist der vermeintlich leichtere Weg!? Aber im Endeffekt ist Aufgeben nichts weiter als *caca-barraca*, wie der Spanier sagt. Nein, nein, sparen Sie sich die Zeit und schlagen Sie das in keinem Wörterbuch nach ... das ist andalusische Schulsprache der 80er Jahre!!! Keine Ahnung, ob es das in dieser Form heutzutage überhaupt noch gibt! Aber es passte so gut zum Konzept des Aufgebens, dass ich es einfach so schreiben musste!!! Aufgeben ist *caca-barraca! ¡Si Señor! ¡Así es, amigos!*... (Und nur, um auch das mal klar zu stellen ... diese vielen „s" werden wie ein „s" ausgesprochen und nicht etwa gelispelt!!!)

Das ist ein wenig wie bei **„Mensch ärgere dich nicht"**. Immer wenn du denkst, gleich bist du am Ziel angekommen, wirft dich jemand raus und du kannst wieder von vorne beginnen.

Auch die Wege dieser Treppe unterliegen einer ähnlichen Mechanik: Wenn du es schaffst, dann heißt das Spiel: **„Mensch freue dich!"** Wenn nicht ... dann heißt es: „Mensch, ärgere dich nicht ... gehe zurück zum Startpunkt, setze neu an, überlege, was du ggf. verbessern kannst und bleib solange dran, bis auch du im sicheren Haus angekommen bist, vor dessen Tür übrigens der Ärger hockt und sich darüber ärgert, dass er nicht eingeladen wurde!" Und spätestens dann heißt auch dein Spiel: „Mensch freue dich!"

ich bin das fröhliche ICH-TU-WAS-MÄNNCHEN! ... und ich gebe nie auf!!!

3) Die Messlatte

Menschen, die es wirklich schaffen, langfristig (und damit meine ich wahrhaftig langfristig, d.h. also über Jahre oder gar Jahrzehnte!!!) im Schnitt 3 mal pro Woche Sport zu treiben oder zu trainieren, sind die absolute Minderheit! Seltsamerweise schaffen wir es aber immer wieder, uns genau mit dieser Minderheit zu vergleichen! Dass das hochgradig frustrierend ist, ist doch klar. Da muss ja schon fast zwangsläufig das Gefühl aufkommen, dass wir die einzigen undisziplinierten, nachlässigen und trägen Erdbewohner sind, die das nicht schaffen!?

Dabei sieht die Welt da draußen ganz anders aus, als wir uns das in unseren Köpfen oftmals ausmalen ... Und wenn wir es schaffen (im Schnitt) 2 mal pro Woche zu trainieren (wie gesagt ... langfristig), dann gehören wir zur absoluten Crème de la Crème und haben allen Grund, stolz auf uns zu sein!!! Aber nein ... Was schaffen wir?! Wir schaffen es, enttäuscht zu sein, weil wir es ja „nur" 2 mal schaffen?! Hallo?! Geht's noch?! Diese Denke ist meines Erachtens völlig falsch. Schließlich schaffen wir es nicht „nur", sondern 2 gigantische Male pro Woche zu trainieren!

Worauf will ich hinaus? Mag sein, dass es das Idealste vom idealsten Ideellen dieser Welt **wäre**, wenn wir uns viel mehr bewegen und am besten täglich irgendwas Tolles für unseren Herzkreislauf, unsere Knochen oder Muskulatur tun **würden**. Täglich!? Das ist ganz schön oft!

Aber Ja! Absolut! Der Meinung bin ich ja auch ... (sonst könnte ich doch genau jetzt dieses ganze Tagebuch in die Tonne hauen ... schließlich habe ich oft genug betont, das „täglich nämlich täglich und nicht fast-täglich" heißt).

Jedoch... was genau ist gemeint mit „täglich"?

... täglich was?

... täglich wie viel?

... täglich wie lange?

Meine ganz persönliche Divise in dieser Hinsicht:

Tägliche Bewegungsrituale, die man an andere Alltagsaktivitäten koppelt, wie zum Beispiel täglich die Übung „Schlag" zu machen, während der Wasserkocher kocht, erscheinen mir genauso realistisch und machbar wie das tägliche Zähneputzen oder Haare bürsten. Diese Übungen sind für mich also unumstritten und dauerhaft gesetzt.

Und wenn ich ergänzend dazu pro Woche eine (möglichst vielfältige) Trainingseinheit hinzufüge, die im Sinne von einem „Bewegungsspielplatz für Erwachsene" aus spannenden, mich herausfordernden und meinen Körper fordernden Übungen besteht, dann ist das eine runde Sache, und ich kann mit der Energie des Stolzes auf mich selbst durchs Leben lächeln.

Und wenn es das Leben grade nicht erlaubt, die zwei geplanten Male zu trainieren ... dann trainiere ich eben nur einmal. Und wenn das Leben auch mal „nein" zu diesem einen Mal sagt ... dann lege ich EINFACH MAL eine kurze Pause ein und mache EINFACH WEITER, sobald es wieder geht. Und zwar ganz entspannt und ohne schlechtes Gewissen! So klappt das mit dem Nachbarn und mit dem EINFACH TUN!

Schlüsseltag 23

Sie haben Ihr Ziel erreicht. Ihr Ziel liegt links von Ihnen. Nein! Halt! Doch nicht! Es liegt rechts, rechts unten ... glaube ich zumindest. Oder ... doch links?! Ach, egal! Ich glaube, Sie haben Ihr Ziel erreicht. Es liegt irgendwo

Viele Höhen und Tiefen habe ich bewältigt auf meiner langen Reise ... raus aus Schmerzhausen! Genau das war es, was ich wollte! Schmerzhausen, diesen bedrückenden, spießigen Ort für immer zu verlassen. Und ...?! Habe ich es geschafft? *„Joooo, also ... ich denke schon! Ich glaube, das passt soweit".*

Wow! Welch Gefühlsausbruch! Was für ein Temperamt und Feuer schlummert in dieser Wortkomposition. Finden Sie nicht auch? Nein? Sie meinen, dass diese Antwort einen leicht „zögerlichen" Touch hat?! … Ok. Ich auch. Ich denke es nicht nur, ich weiß es sogar. Denn immer wieder kommen Momente auf, in denen ich mich frage, ob der ganze Aufwand, den ich für ein „lebenswertes" (weil schmerzfreies …) Leben so betreibe, möglicherweise in keiner Relation zum Ergebnis ist. Und das Kuriose dabei ist, dass weder ich, noch irgendjemand auf dieser Welt, fähig sein wird, mir das zu beantworten! Denn eine Komponente würde immer fehlen: der direkte Vergleich. Dafür müsste ich nämlich zwei parallel laufende Leben haben. Nur dann könnte ich sie wirklich objektiv und tatsächlich vergleichen …

Ein Leben, in dem ich, außer zu atmen, essen, arbeiten, schlafen, lachen, lesen, schauen, gelegentlich reden und viel sitzen … keinerlei Sport betreibe. Kurz: ein Leben als „Knödel mit Vorkopf".

Und parallel dazu das Gegenstück. Ein Leben in Bewegung. Ein Leben mit Training. Ein Leben, das das Ziel verfolgt, mit einem sehr wachen Geist und einem kaum zu bändigen Kampfgeist gegen einen Feind anzutreten, dessen Gestalt sich in Form degenerierter Körper zu erkennen gibt. Für ein Leben in der Aufrechten. Geprägt von einem ständigen Urlaubsgefühl, weil man eine Villa mit „Mehrblick" statt Kelleraussicht bezogen hat. Für ein Leben gefüllt mit magischen Momenten und möglichst wenig Leid.

Gesetzt den Fall, beide Leben würden erfolgreich verlaufen … Wie würde sich mein „Knödel-Leben-Körper" im Vergleich zu meinem „Aufrecht-Lebenden-Körper" anfühlen? Ich glaube, dass sich diese Frage erübrigt. Es erscheint sonnenklar. Denn hey! Ein Leben in einem „Knödel-Körper" kann doch niemals so erfüllend sein wie ein Leben in einem Körper, der einem nicht nur Raum für Organe, sondern auch Lebensgefühl schenkt. Na also!

Hm … Aber … warum beschleicht mich dann trotzdem immer wieder das Gefühl, dass mir der ganze Aufwand, unterm Strich … „viel zu wenig gebracht hat"?!

Ich werde das mal analysieren …

Also … das wäre vermutlich geschehen, wenn ich nichts gegen den zunehmenden „Verfall meines Körpers" getan hätte.

(kurz = es geht Berg ab!!!)

Es wäre vermutlich immer schlimmer geworden ...
Aber ... da ich ja etwas getan habe, ist es mir zumindest schon mal
gelungen, den abfallenden Kurvenverlauf Richtung Verschlechterung
aufzuhalten. Somit befinde ich mich zunächst auf demselben Stand
wie zu Beginn. Was sich zwar im ersten Moment nicht so wahnsinnig
prickelnd anhört ... aber bei genauerem Hinschauen äußerst interessant
ist. Denn plötzlich sehe ich mein Erfolgsfeld schwarz auf weiß!

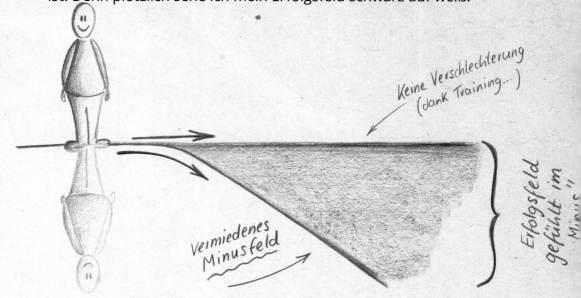

Keine Verschlechterung
(dank Training...)

Vermiedenes
Minusfeld

Erfolgsfeld
gefühlt im
"Minus"

LEBEN

PUZZLE

Und nicht nur das. Wenn ich das Ding umdrehe, dann ...

Erfolgsfeld gefühlt im "Plus"

vermiedene Verschlechterung ist nun im Plusfeld!

trotzdem unzufrieden ?!!
(hey! geht's noch ?!!)

...wird aus dem vermiedenen „Minusfeld" ein deutliches „Plusfeld", samt steigender Kurve! Das ist ja witzig! Ich habe also definitiv etwas erreicht! Aber ... warum fühlt sich das, was ich erreicht habe, nach „so wenig" an? Bzw. warum hatte ich mir so viel mehr erhofft?! Etwa weil ich mir als Wunschbild zwar mich, aber als junges Mädel mit Anfang 20, als Maßstab genommen habe? Und nun frustriert feststellen muss, dass ich nun zwar keine Schmerzen mehr, aber noch immer den Körper einer fast 50 jährigen habe? Ok! Verstehe! Du kriegst also den Hals nicht voll genug!?

„Nein, nein, du kleiner Zauberlehrling! So läuft das nicht! Wir sind hier nicht bei ‚Wünsch-dir-was-völlig-Unmögliches‘ , sondern bei ‚Wünsch-dir-was ...(Realistisches)‘. Und das, was du dir damals gewünscht hast, hast du auch bekommen. Ein lebenswertes Leben mit immer wieder auflodernden Schmerzen, die du nun zu bändigen weißt."
Ähm... Hallo!? Wer spricht da grade mit mir? Bin ich das? Wenn ja, dann bin ich ganz schön taff geworden!

17 Jahr blondes Haar la la la laa

„Ein ‚Sich-zu-verbessern‘ kann auch dadurch gekennzeichnet sein, dass man Schlimmeres vermieden hat. Aber hey! Kopf hoch! Ganz so dramatisch wenig, wie du es dir hier skizziert hast, meine liebe Wunschmaus, ist es, glaube ich, sowieso nicht. Ich kann dich beruhigen. Du hast mit Sicherheit mehr erreicht als die reine Vermeidung vom Minusfeld." Oh wow! Ich bin begeistert über meine neu erlernte Fähigkeit, mir selbst Mut zu machen!

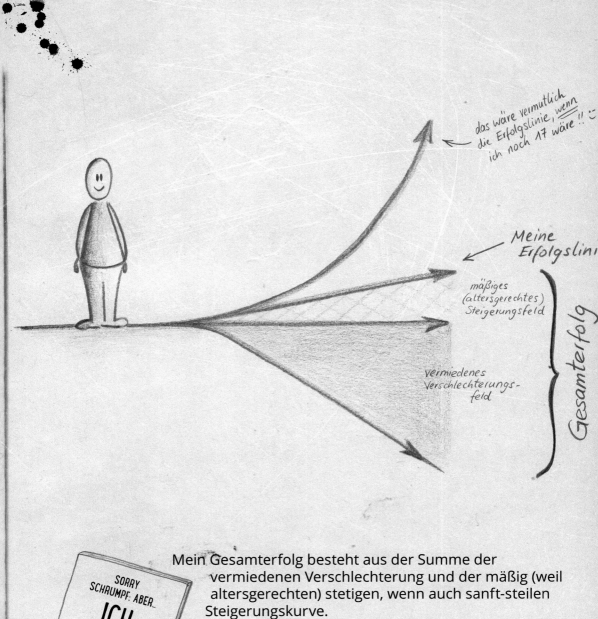

Mein Gesamterfolg besteht aus der Summe der vermiedenen Verschlechterung und der mäßig (weil altersgerechten) stetigen, wenn auch sanft-steilen Steigerungskurve.

Also ... alles gut! Mit anderen Worten: Ich mache weiter! Schließlich weiß ich nur zu genau, dass der fiese Schrumpf in seinem stinkigen Loch ja nur darauf wartet, dass ich aufgebe! Aber diese Freude, meine Freunde, die ... die mach ich ihm nicht! Denn nicht er, sondern **ich bin hier der Bestimmer.** Der Bestimmer **über meine ganz persönliche Körper-Haltung!** Tut mir leid, mein lieber, garstiger Schrumpf! Da musst du dir schon jemand anderes suchen. Du kannst an mir ziehen, so lange du willst ... ICH bleibe OBEN!

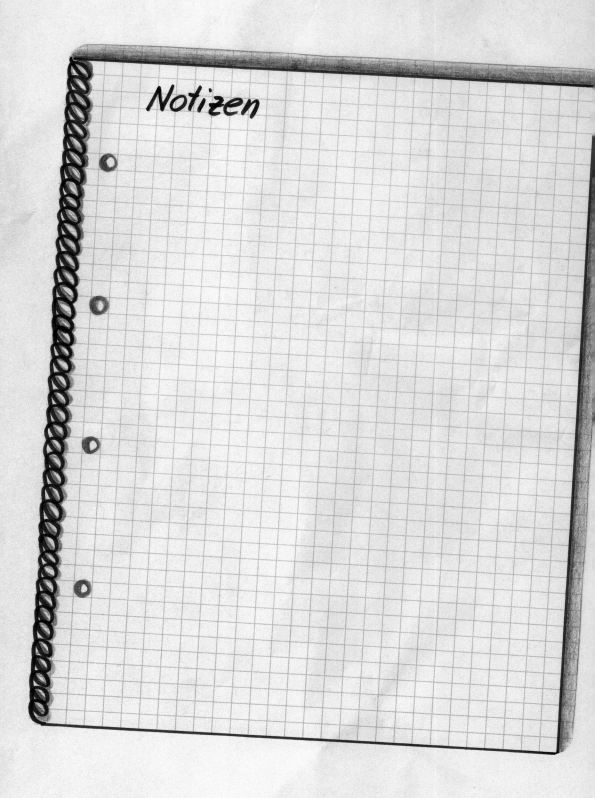

Notizen

Schlüsseltag 24 🖤
ENDlich

Kennen Sie das Lied „*Three little birds*" von Bob Marley?! Meines Erachtens hat er mit damit ein wahres Meisterstück geschaffen. Ein Lied, mit dem er es immer wieder schafft, mich zu entführen, in eine Welt, in der ich morgens aufstehe und mit der Sonne um die Wette strahle. Aber nicht nur das … in dieser rosaroten Welt mache ich meine Haustür auf und sehe, wie drei kleine Vögel auf dem Boden rumhopsen und mir zuzwitschern, dass es doch keinen Sinn macht, sich über alles den Kopf zu zerbrechen, zumal am Ende sowieso alles gut wird …

Ich strahle übrigens nicht nur, wenn ich aufstehe, wie die Sonne! Ich? Ich strahle immer! Meine Sonnenstrahlen trage ich im Gesicht! Sie beginnen in der Ecke meiner Augen und schießen seitlich raus. Keine Ahnung, welcher Depp diesen wunderschönen augenerweiternden Strichen den Namen „Krähenfüße" gegeben hat! Die beste und allerschnellste Art, Krähenfüße zu bekämpfen, ist es, sie einfach anders zu nennen. Deswegen habe ich keine, und das obgleich ich Ende 40 bin. Denn das, was ich habe, sind Sonnenstrahlen. Ich habe Sonnenstrahlen! Strahlenbüschel, die meine schönen Augen radial verlassen …

Eines allerdings ist neu. Vor ein paar Monaten habe ich die Entdeckung gemacht, dass die Sonnenstrahlen meiner Augen mit den Lächelbögen neben meinem Mund koaliert haben! Anders ausgedrückt: Die Sonne meiner blauen Augen und das Lächeln von meinem roten Mund sind sich in den letzten Monaten nähergekommen. Was wahrscheinlich daran liegt, dass ich mit meinem jetzigen Leben im Reinen bin.

Koalition

Ich finde es echt praktisch, dass ich nun, als Zeichen der Reife, mit einem Sonnen-Lach-Koalitionsabzeichen im Gesicht geehrt wurde. Denn … hallo?! Worüber regen wir uns auf … über Falten? Ernsthaft?! Was war nochmal, was uns Bobs Vögel als „*Message for youhuhu*" geträllert haben? *"Don't worry about a thing. 'cause every little thing gonna be all right"* ?! Ganz genau! Einfach mal locker bleiben.

Leben ist ENDlich. Nicht UN-END-lich! Wieso leben dann so viele Menschen, als gäbe es dieses Ende (von dem eigentlich jeder weiß, DASS es das gibt), nicht?! Das wäre mir zu riskant. Da höre ich mal lieber auf die weisen Vögel-Worte von Mister Marley. Den Stress, den schiebe ich ganz bewusst beiseite. Was ich aber ganz bestimmt nicht zur Seite schieben werde, das ist das Leben und zwar ... solange ich es habe. Denn es wird nicht immer bleiben. Es wird gehen. Und ich musste es bisher zum Glück nur einmal miterleben. Hautnah.

Es waren die Hände meines Vaters, die ich nicht aufhören konnte anzustarren. Wie angewurzelt stand ich da, neben diesem weißen Krankenhausbett. So oft hatte ich sie angeschaut, diese starken Männerhände, als er noch lebte. Und nun? Nun lagen sie einfach nur da. So regungslos. So ernüchternd endgültig.

Und ich fragte mich, ob sie wohl grade zufrieden zurückschauen konnten auf das, was sie in ihrem Leben berühren durften. Waren es schöne Dinge gewesen? Vielfältig und spannend? Oder nur Tastaturen, Autolenker, Telefonhörer?! Im Falle von meinem geliebten Vater wusste ich nur zu gut, dass sie tausende Blumen berührt, ausreichend warmen Sand am Strand, viel Erde in den verschiedensten Gärten dieser Welt und unzählige Bücher angefasst und gefühlt hatten, aber nicht um Leistung zu erbringen, sondern einfach so, des Lesens wegen, des Lebens wegen. Und ich schwor mir in diesem Moment, zumal sich unsere Hände sehr ähneln, dass ich es ihm gleichmachen würde. Vorher hatte ich davon gehört, von diesem Moment der Stille. Doch nun wusste ich, dass es ihn wirklich gibt. Leben ist ENDlich. Hände bewegen sich dann nicht mehr. Jede Minute, die ich mit Leid fülle, ist eine zu viel. Ich bin es leid zu leiden. Also lass ich es einfach und widme mich fortan all den Dingen, die ich liebe. Und da spielt mein Körper, als Zuhause meiner Seele, eine ganz entscheidende Rolle. Denn nur, wenn mein Körper keine Schmerzen verspürt, macht es Spaß zu leben. Und freilich ist das nicht einfach. Und freilich ist das, als wolle man ein wenig Gott spielen, zumal ich sämtliche organisch oder virusbedingte Krankheiten niemals weglächeln könnte. Aber es ist trotzdem keine reine Phantasie oder Fiktion. Was ich an mir erlebt habe, war die Reise einer völlig gestressten Businessfrau, einer modernen Ehefrau und sorgsamen Mutter, mit täglichen Schmerzen, die irgendwann den schweren, mit Stress-Ballast gefüllten Rucksack abgeworfen hat, weil der Preis dafür viel zu groß war. Ich habe getauscht. Ein Leben voll mit Luxuswerten gegen eines, das **lebenswert** ist.

A mi manera...
¡Pero siempre gracias a vosotros!

Ja! Ich habe es zwar „auf meine Art" getan ... aber immer dank euch und dank eurer Hilfe. Hier und da kann man Einfälle haben, und die können dann vermeintlich witzig sein, nachdenklich stimmen oder vielleicht auch eine inspirierende Wirkung haben. Das mag schon sein. Aber dann? Was dann? Ja ... dann sind sie da, die Einfälle. Doch im Grunde weiß man nichts damit anzufangen. Wenn man Glück hat, dann hat man Menschen in seiner Nähe, die diese besondere Gabe besitzen, einem ehrlich, gradeheraus aber trotzdem konstruktiv (!) zu sagen, was sie von ebendiesen „kreativen Hirnwendungen" so halten. Diese Meinungsbekundungen können aufbauend, aber auch sehr vernichtend sein. Eines sind sie aber ganz gewiss: enorm wichtig! Denn sie geben Orientierung! Und hätte nicht auch ich solch Glück gehabt, eben diese Art außergewöhnlicher Menschen an meiner Seite zu haben, die mir unermüdlich zugeredet, sich mit meinen Rohlingen befasst und mir entsprechendes Feedback gegeben haben, dann hätte ich mich niemals getraut, dieses Buch zu schreiben.

Auf die Gefahr hin, dass sich das jetzt fürchterlich schnulzig anhört, so ist mir das egal, denn es trifft so zu wie kaum etwas auf dieser Erde: *„Ihr seid Sparringpartner, Muse und Kritiker in einem! Was ich bin und tue, schaffe ich dank euch! Und ich weiß, dass ich eure Namen hier nicht aufführen muss, da ihr ganz genau wisst WER ihr seid! Und ich? ich weiß WAS ihr seid: großartig! ☺. Danke für euer Zeit-, Energie- und Meinungsgeschenk! Dieses Buch ist definitiv nicht meines, sondern UNSER Buch!!!"*

„Ach ja!!! Und Mutti! Was ich dich immer schon mal fragen wollte. Wie schaffst du es eigentlich, das Leben derart aufgeschlossen und jung zu leben? Und ... Woher holst du bloß immer diese unglaubliche Lebensfreude und Energie?! Aus der Liebe, oder? Ich glaube ja ... Denn wer dich erlebt, der spürt sofort, dass du aus einer chemischen Substanz bestehst, die bisher noch namenlos ist ... Stünde es in meiner Macht, dann würde ich die Liste der 118 bisher bekannten chemischen Elemente, um eines erweitern: Marionamorum – entdeckt im Jahr 1941"

„Und wenn ich schon grad dabei bin ... Laura! Deine Gedichte sind immer ein wahres Gedicht! Ein Seelenschmaus, ein Fest für die Sinne! Mit einer unglaublichen Leichtigkeit des Seins treffen sie direkt ins Herz und drücken, zärtlich aber bestimmt, auf die Drüse der nachdenklichen Tränen. Höre bitte NIEMALS auf, uns mit diesen Pralinen der Poesie zu beschenken!"